U0054990

光之華

五位殉美的女詩人

方秀雲——著

　　此《光之華──五位殉美的女詩人》介紹五位頂尖的女詩人，分別是伊麗莎白・埃莉諾・希竇兒（Elizabeth Eleanor Siddal，1829–1862）、瑪麗・伊莉莎白・柯立芝（Mary Elizabeth Coleridge，1861–1907）、黛爾米拉・阿古斯蒂尼（Delmira Agustini，1886–1914）、瑪琳娜・伊萬諾夫娜・茨維塔耶娃（Marina Ivanovna Tsvetaeva，1892–1941）、與西亞維亞・普拉斯（Sylvia Plath，1932–63）。

　　她們生於不同年代，不同的環境，周遭動盪不一，性格、境遇也各異，卻持有一個共同的特徵，那就是：生命短暫，在魔難之中，因才氣，磨擦出了火花，那光輝，就像黑夜中閃亮的星星。此命運牽繫著孤獨、不被了解、與無止境的省思，但在她們身上，最終散發出一份高貴、熾熱、與純然，因那高度的典範，那光，也為人類引領出了活路。

　　書中，在描繪每一位詩人時，我嘗試探索她們的心理、渴望、愛慾、理想，甚至悲劇與殉難，也將她們最膾炙人口的詩翻譯出來，讀者可品嚐她們文學的精神與生命的精華。

獻給　P

You said: "Writing is from your soul."

告訴我：「寫作來自於靈魂。」

自序
炸彈！恐嚇，還是浪漫？

藍藍起了個頭：「妳知道今晚九點一刻，上空會投下炸彈，可小心一點。」

我回說：「炸彈？」

他再加上：「要否，咱們今晚去瞧瞧？」

🍃 等待意外

我們走出一家藝術拍賣中心，一起用餐，之後，到了倫敦眼（London Eye），坐在泰晤士河沿岸，他說：「就這兒附近了。」這天，輕風吹拂，涼了些。

在廣場上，我瞄了一下來來往往的人，有一些，只是路過，有些則有備而來，而我呢？介於之間，知道某事即將發生……

等了半個多小時，突然，我聽到直升機的聲音，在上空飛行，機槳與引擎的旋轉，好清楚，越來越大聲，我不自主的抬頭，看它繞了幾圈，像發出一個警訊：「小心！」接著，無數的、白白的東西，往下拋，片片紛飛，如雨，如雪，如翱翔的燕子，在某個角度，仿如夜空的星星，一閃一閃的，眼前，這般壯觀的場面，我興奮的叫：「這就是你說的炸彈嗎？」此時，他笑了。

🍃 炸彈？

原來，這是為了2012年年奧林匹克運動會，倫敦「文化奧林匹亞」（Cultural Olympiad）在各定點舉辦的文化與藝術的慶典活動，而這投擲的一顆顆「炸彈」，就是南岸中心（Southbank Centre）推出的「帕納塞斯山之詩」（Poetry Parnassus），是這樣子的，智利的藝術集體「卡薩格蘭德」（Casagrande）發起點子，駕著直升機，從上面，撒下十萬首詩，以書籤的樣式，一一的飛下來，據說，這樣將「詩」與「干涉公共空間」的結合行動，從1996年開始，已在幾個城市發生過了，像柏林、華沙、格爾尼卡、杜布洛尼、與聖地牙哥。

當詩籤掉落時，一張接一張的，面對此情此景，我也想去接，結果，有三張掉在地上，我自然蹲了下來，心想：「別那麼貪心，一個就好了。」

🍃 我的書籤

我撿起右邊的那一張，看著，上面用英文寫著「如何向你解釋我的語言」（"How to explain my language to you"），為此，我沉默一會兒，姿態依然，可能被標題吸引，僵住的緣故吧！藍藍跑過來，跟我一起蹲了下來，然後，我讀誦整首詩（在此，我翻譯成中文）：

如何向你解釋我的語言
此刻，這兒
在月光下
一旁的春天

我與你坐一塊
印支歐洲的美男子
在一個大的芬蘭–烏戈爾石子，滿是青苔
於我們之間，半裸、
明亮之夜的談話

所以，我想告訴你
松樹如何用我的語言聞
鳶尾亦然
水如何用我的語言潺潺的越過花崗岩
蟋蟀如何無意識，不停的撥弄，最後獲得了

反而，我們沉默
閉眼
我們此刻張開嘴，只一點點，然後
為半裸、明亮之夜的話語
用一種語言，既非你的，也非我的

他聽著。

我多解釋：「這是一個來自愛沙尼亞（Estonia）的女孩，叫克里絲禔娜·恩因（Kristiina Ehin）寫的一首詩。」說著說著，空氣分子像發酵一樣，釀出了酒精，害我，不經起了醉意，自然的，淚落了下來，說著：「好個炸彈啊！」他從口袋拿出一條手帕，遞給我。

這是用魔幻的語言傳情、傳愛的詩行啊！

🍃 閃爍的目光

他說：「妳知道為什麼這項行動藝術要在倫敦舉行嗎？」我想了想：「不就因為奧林匹克運動會嗎？」他回：「不全然如此。」到底有什麼關聯呢？停了幾秒鐘，還是猜不透，我搖搖頭：「你來告訴我好了。」這時，他濕潤了眼，傷感的說：「他們選的，都是過去戰爭被炸過的地方。」他那一雙綠眼，如水晶一般，在微夜中閃爍。

過去投下炸彈，將城市摧毀，這回，在同個地點，撒下來的全是輕輕的紙片，二次世界大戰期間，倫敦被德軍轟炸，都過了快七十年，重建之後，現在，這兒已成了繁榮、復甦與現代的象徵，而如今的「再訪」，又有什麼樣的意義呢？難道要提醒人民那段痛苦的記憶嗎？

倒不。

炸彈一顆一顆掉下來，詩心一片一片的拾起，一首一首，帶來的訊息，即是一場接一場的意外，此刻，人們不再驚慌，飛下來的，或許是一個未知，承接的，卻有無限的期待。

🍃 化學變化

若問我，在這詩的饗宴裡，體驗怎樣的滋味呢？

在人群裡，一個一個搶著掉落的詩片，有的興奮，有的驚訝，也有的感到疑惑，一些人戲在一團，渴望與周遭的人分享，即使未照過面的也好，當然，也有人獨自思索，他們都展現了不同的表情，不論如何，未知渲染開來的，是遊走其間的化學變化，那騷動因子既強，又持續！最後，我與藍藍當場舞了起來。

每個人的嘴角揚了上來，在這裡，我感受到純真的情感，目睹沒有別的，只有希望，那是人間最美的慈善啊！

我擦拭了淚，親吻了他，說：「謝謝，讓我渡過這麼浪漫的夜晚。」

目次

〔詩作〕

第三章　性感脈搏，燃點了革命
——黛爾米拉‧阿古斯蒂尼
（Delmira Agustini，1886–1914）

第四章　顛沛流離，但忠於真情
——瑪琳娜‧伊萬諾夫娜‧茨維塔耶娃
（Marina Ivanovna Tsvetaeva，1892–1941）

〔詩作〕

第五章　毀滅之舞,無窮盡扭轉
——西亞維亞‧普拉斯
（Sylvia Plath,1932–63）

第一章

古老歌謠，恣意的聞風

伊麗莎白·希竇兒
（Elizabeth Siddal，1829–1862）

羅塞蒂（Dante Rossetti，1828–1882）
〈伊麗莎白·希寶兒〉（"Elizabeth Siddal"）
1855年
鉛筆，棕墨，黑墨
13×11.2 公分
牛津，阿什莫爾博物館
（Ashmolean Museum, Oxford）

　　伊麗莎白· 埃莉諾·希寶兒是英國維多利亞時代的知名詩
人，本身也是模特兒、藝術家，來自於中下階層家庭，之後，靠
著她的外形與文藝才華，受到矚目，原本可以像鳳凰一樣，繼續
扶搖直上，飛向枝頭，但，二十歲那年，生命有了轉變，她任其
漂蕩，曲折的一生，就此展開。

🍃 丁尼生的啟發

　　希寶兒1829年7月25日出生倫敦霍爾本區，過兩年，全家搬
到倫敦南區，相較之前，環境顯得差了一些，然而，在那兒長大
成人，家裡人口眾多，底下還有三個妹妹與兩個弟弟，一家和
樂，跟大妹莉狄雅（Lydia）處得特別好，什麼心事，都向她傾
吐。據說父親是貴族的後代，家道中落，到了這一代，做的是餐
具事業，不知太窮，或什麼原因，她沒上學，從小，是父母教她

怎麼識字的。

　　畢竟不在書香之家，知性的發展全靠自己，童年，有一次，意外的，她手握一張包裹奶油的報紙，竟瞄到桂冠詩人丁尼生（Lord Alfred Tennyson）的詩句，讀了之後，激動不已，像尋獲了真寶似的，從那刻起，養成朗誦詩的習慣。

　　很可惜我們不知道她讀的是丁尼生的哪首詩，但，此詩人以古典的希臘羅馬主題與無韻風格著稱，相信這些特點深深的影響了她吧！因如此，開啟了她愛幻想與詩情的遨遊。

一襲紅棕金髮

　　1849年，她在一家帽店工作，突然撞見畫家瓦爾特‧德弗雷爾（Walter Howell Deverell），被邀請當模特兒，她欣然的同意，很快，被介紹給「前拉菲爾兄弟派」（Pre–Raphael Brotherhood）藝術家們認識，漢特（William Holman Hunt）、米萊（John Everett Millais）、與但丁‧加百利‧羅塞蒂（Dante Gabriel Rossetti）……等等，在他們的眼中，希竇兒擁有一種理想美，他們畫她，留下無數難忘的影像，當時，作家威廉‧邁可‧羅塞蒂（William Michael Rossetti）描述她：

　　　　最美的人兒，介於尊貴與甜美的氣質，某種超越謙虛的自
　　　　尊，帶有幾分潛藏的倨傲；她長得高挑，樣子姣好，高聳的

羅米萊（John Everett Millais，1829-1896）
〈奧菲莉亞〉（"Ophelia"）
1851-2年
油彩，畫布
76.2×111.8 公分
倫敦，泰德（Tate，London）

頸子，適當但有些不尋常的特徵，綠綠的藍眼睛，陰鬱的，
大又完美的眼瞼，燦爛的膚色，與一襲豐沛的、尊貴的、健
康的紅棕金髮。

她身上充滿了迷人的氣質，特別是那一頭紅棕的金髮，真夠
蠱惑呢！

值得一提的是，在所有為希寶兒而作的畫中，最家喻戶曉
的莫過於米萊的〈奧菲莉亞〉（"Ophelia"），描繪一位溺水的
女子。有一段插曲是這樣的：約1851年，米萊邀她擺姿，請她兩
手張開，躺在一個裝滿水的浴缸，他每天畫她，直到了入冬，於
是，他在水缸下燃點燈火，讓水保溫，但有一天，火熄了，水變
冷了，米萊對浴中的希寶兒過於入迷，沒注意到火熄，而她也不
哼聲，繼續躺在那兒，冰到了極點，最後，差點喪命，雖然被救
了上來，但從此患上肺炎，落的她餘生病厭厭的。

雖說〈奧菲莉亞〉之後成為史上不朽的畫作，但這差點丟命的意外，也預示她在加入前拉菲爾圈子後，未來緊緊跟隨的厄運。

與羅塞蒂相戀

之後，是但丁·加百利·羅塞蒂[1]，就是他，改變希寶兒的一生，兩人相愛、熟識後，他叫她別再為其他人擺姿了，未來的十年，她成為他的專屬，這段期間，他翻譯中古世紀但丁的詩集《新生》（*La Vita Nuova*），整個人陷入但丁與貝塔·碧翠絲（Beata Beatrix）的情感世界，因此，也把此情緒投注在希寶兒身上。

1852年，羅塞蒂搬到Chatham Place新住處，兩人在一塊，我行我素，有反社會的思想與行為，他們親密、瘋狂的愛，互給彼此親暱的綽號，一個叫泡泡糖，另一個叫鴿兒，然而，問題來了，羅塞蒂熱情、浪漫、魅力十足，一點也沒責任感，希寶兒跟著他，只有吃苦的份了，漸漸地，她明瞭這狀況，也開始畫畫，期盼獨立，正巧藝術界巨人兼評論家約翰·羅斯金（John Ruskin）非常欣賞她的才華，願意每年支付她150英鎊，收購所

---

[1] 原名加百利·查爾斯·但丁·羅塞蒂（Gabriel Charles Dante Rossetti），家人、朋友叫他加百利，然而，他把名字顛倒過來，讓但丁在前，加百利在後，此說明「但丁」的重要性，更強調他此生的許諾——追隨十三、十四世紀作家但丁（Dante Alighieri）的腳步，沉浸在中古文學裡。

有的畫，此時，又因羅塞蒂的漂浮性格，在得不到穩定的愛之下，她自己也提筆寫詩，洋洋灑灑的抒發內心難言的困境。

羅斯金曾寫信給羅塞蒂，囑咐不要娶她；另外，羅塞蒂來自有聲望的家族，相對的，希寶兒的背景比不上他，羅塞蒂遲遲不帶她去見家人，他的姐妹也瞧不起她，認為兩人根本不配；再來，他好幾次也跟其他女孩偷情，如此不斷傷害她，累加的壓力，最後，身體變得十分虛弱，這樣看著她逐漸消沉，不禁一擊的模樣，羅塞蒂竟無能為力。她寫的詩，內容大多隱喻那份失落的情感，始終為找不著真愛苦惱。

夢的執著

羅塞蒂的妹妹克莉斯緹娜（Christina）也是一名詩人，雖不喜歡希寶兒，但非常了解哥哥與這位愛人的關係，寫下一首詩〈在一位藝術家的工作室裡〉（"In an Artist's Studio"），描述這段情誼：

> 一張臉從他所有畫布探出，
> 同一個人坐、走、或依靠：
> 我們發現她只藏在那些銀幕之後，
> 鏡子照拂她美麗的一切。
> 穿上乳白、或紅玉衣裳的女王，
> 身裹最清新、夏綠洋裝的無名女子，

聖者，天使——每張畫布代表

同樣的意義，不多也不少。

他日日夜夜滋養她的臉，

而，她純真、善良之眼，回頭望他，

白如月亮，愉悅如光：

沒有等待的蒼白，沒有哀怨的暗淡；

過去盼望輝煌的閃耀，現在，她沒有；

現在，她沒有，卻填滿了他的夢。

　　這首詩裡隱喻的應是羅塞蒂畫的〈貝塔‧碧翠絲〉，在此，女主角穿上夏綠的洋裝，一襲蓬鬆的紅髮，靜坐，拉長脖子，頭往上仰，微張的紅唇，吸吮的鼻子，雙眼闔上，整個樣子彷彿出

羅塞蒂
〈貝塔‧碧翠絲〉（"Beata Beatrix"）
約1864–70年
油彩，畫布
86.4×66公分
倫敦，泰德（Tate，London）

了神；中央右側，在不高的牆台上，架設一只日晷，告知了時辰，稍微下方，女子胸前，飛來一隻紅鴿，銜著一朵白花，傳遞什麼訊息似的。畫中的女子即是希寶兒！

悲劇以終

與羅塞蒂相戀十年，她身體每況愈下，有多種病症，患肺結核、憂鬱症、厭食症……等等，得瞌藥度日，之後，有段時日，她到法國幾處溫暖的地方旅行，藉舒展自己，療養身體，期待以新的心情面對未來，然而，依舊不見好轉。

最後，羅塞蒂終於下承諾娶她，婚禮定於1860年5月23日，在英格蘭南岸的濱海小鎮哈斯汀（Hastings）的聖克萊門（St Clement）教堂舉行，其實，從住處到教堂之間僅有幾分鐘的路程，短短的，但那天，她卻病的無力，連走都走不過去，還得用扛的，這聽了真叫人心酸啊！沒有家人、朋友的作陪，只有一對在當地找的證人，就這樣，如願的，羅塞蒂真的屬於她了。

由於過去，羅塞蒂那反反覆覆與不忠的記錄，兩人吵鬧，分分合合的折磨，在婚後，夢魘持續纏繞著她，痛苦、憂傷已成性。於1861年，她懷孕了，此生唯一的喜悅，她興奮無比，但，結果產出的是一名死嬰，在絕望之餘，她對藥物的依賴愈來愈重，隔年的2月11日，羅塞蒂發現她躺在床上，死了。

　　驗屍官診斷是自然死亡,然而,據說她生前留下了一張字條,內容有輕生之意,羅塞蒂看了,傷心不已,馬上拿給好友福特・馬多克斯・布朗(Ford Madox Brown),他是他之前的藝術老師,布朗建議立即燒掉,因為,當時法律規定,自殺是非法的,不但為家族帶來恥辱,也無法以基督教的儀式好好埋藏,於是,決定銷毀這張字條。

🍃 不死的形象

　　有段故事很值得在這兒談,羅塞蒂過去,寫下不少詩,手稿匯集在一本筆記本內,但只有一份原稿,未存其他備份,因喪妻之痛,混合愧疚的心態,努力想做補償,他將這手稿放進棺木,夾於她長髮之間,一起陪葬。

　　1869年,希竇兒死後的七年,羅塞蒂還惦記埋在地底的詩稿,他的經紀人郝渥爾(Charles Augustus Howell)建議他乾脆開棺取出,經過一番掙扎,他同意了,卻沒膽量做,就交由經紀人幫他辦,趁晚上,沒人注意時,挖棺,拿出詩稿,郝渥爾之後說,希竇兒的身體沒腐爛,皮膚細嫩,髮絲還繼續的留,整個棺材充滿了她那閃亮的、紅棕的長髮。哪會有這檔事呢!這完全是謊言,這麼編,只希望她在羅塞蒂心中永遠甜美、不死吧!

🍃 絕望的情思

希寶兒從小愛讀詩，是等到長大後，與羅塞蒂交往，感知
愛情的起伏、不確定，傷痛來時，才提筆寫詩的，常出現魂魄、
黑影、墳墓……等等驚悚的單字，體現的是缺席、褪色、已死的
愛，在灰到黑之間的地帶遊走，撲來的全是憂鬱，怎會如此絕望
呢？全因羅塞蒂無法給她一份堅實承諾所致啊！

而羅塞蒂的〈貝塔·碧翠絲〉，飛來的一隻紅鴿，銜著一朵
白花，蹊蹺的是，鳥怎麼是紅的，花怎麼白的呢？很奇怪，不是
嗎？原來，鴿子吸吮花的汁液，轉成紅，將無滋潤、乾枯的花遞
在她的手上，此是罌粟花，象徵死亡。那一只日晷，告知時刻來
了，她傾斜的身軀，忘我的表情，說明她意識死神的召喚，精神
開始飛升，不論命運怎麼賜予，她願全心全意的承受。

希寶兒在三十二歲那年離開人間，從二十歲，認識羅塞蒂到
死去的那刻，是她黃金時期，在這十年多的歲月，她的才華，藉
由詩作，揮灑出來，雖說她能畫畫，但詩才是她的天份所在，短
短的生命，驚悚的文字，告知我們的只有一個訊息，那就是「殉
難」，只因美、只因愛。

🍃 聞風的屬性

〈貝塔・碧翠絲〉，真實的勾勒出希寶兒的本性，這怎麼說呢？

希寶兒樣子那樣尊貴，但隱藏了天性：她有一個靈敏的鼻子，喜歡聞風，為此，尋獲了詩。

詩是屬於風的，風一吹，飄來飄去，一旦，她嗅到了什麼精華，便牢牢的吸，再凌駕之上，成為詩的主人，不過，她不霸道，寧可讓詩在風中恣意的飛舞，只要她一聞，詩意全網了進來。

談到她的詩行，羅塞蒂說：「她是創作天才。」頂尖評論家威廉・康德（William Gaunt）則讚美：「如古老歌謠一樣簡單、動人。」對希寶兒來說，詩來的多麼自然！

🌸 *A Silent Wood*

O silent wood, I enter thee
With a heart so full of misery
For all the voices from the trees
And the ferns that cling about my knees.

In thy darkest shadow let me sit
When the grey owls about thee flit;
There will I ask of thee a boon,
That I may not faint or die or swoon.

Gazing through the gloom like one
Whose life and hopes are also done,
Frozen like a thing of stone
I sit in thy shadow – but not alone.

Can God bring back the day when we two stood
Beneath the clinging trees in that dark wood?

〈沉默之木〉

噢！沉默之木，我參你
一顆心，滿是苦惱
因來自群樹的回響
與粘我膝的蕨物。

你最暗的影，允我坐
逼近你的灰貓頭鷹，急速飛掠；
那兒，我求你賜恩惠，
但願我不昏、不死、不癡。

透視陰暗，如一
生命與希望也完成了，
凍了，像石事
我坐於你影——卻不孤獨。

那日，我倆站在那黑森林的
互擁樹下，上帝能時光倒轉嗎？

🌸 *At Last*

O mother, open the window wide
And let the daylight in;
The hills grow darker to my sight
And thoughts begin to swim.

And mother dear, take my young son,
(Since I was born of thee）
And care for all his little ways
And nurse him on thy knee.

And mother, wash my pale pale hands
And then bind up my feet;
My body may no longer rest
Out of its winding sheet.

And mother dear, take a sapling twig
And green grass newly mown,
And lay them on my empty bed
That my sorrow be not known.

And mother, find three berries red

And pluck them from the stalk,

And burn them at the first cockcrow

That my spirit may not walk.

And mother dear, break a willow wand,

And if the sap be even,

Then save it for sweet Robert's sake

And he'll know my soul's in heaven.

And mother, when the big tears fall,

(And fall, God knows, they may)

Tell him I died of my great love

And my dying heart was gay.

And mother dear, when the sun has set

And the pale kirk grass waves,

Then carry me through the dim twilight

And hide me among the graves.

〈終於〉

噢！母親，將窗大開
讓日光進來；
山坡在我眼前變暗
思想開始漫遊。

噢！親愛的母親，帶走我稚子，
（因為我從妳那兒出生）
關心他全部的小動作
在妳膝上餵他。

母親，洗我蒼蒼之手
然後包紮我腳；
我身也許不再休憩
因纏繞的被褥。

噢！親愛的母親，拿一條樹苗嫩枝
新割的綠草，
擺在我空床上
那兒，我憂傷未知。

母親，找三顆紅漿果
從莖上摘下，
燒，於破曉之初

那兒，我氣神也許不走。

親愛的母親，擊破一根柳條兒，
若汁液均勻，
且留，為了甜甜的羅勃
他會明白我天上的靈魂所屬。

母親，當大淚落下，
（落下，上帝知道會的）
告訴他，我死於偉大之愛
我垂死的心是灰的。

親愛的母親，太陽下山了
草於落寞的教堂，飄揚
然後帶我渡過黯淡的餘暉
在墳墓間，藏我。

🌸 *Early Death*

Oh grieve not with thy bitter tears
The life that passes fast;
The gates of heaven will open wide
And take me in at last.

Then sit down meekly at my side
And watch my young life flee;
Then solemn peace of holy death
Come quickly unto thee.

But true love, seek me in the throng
Of spirits floating past,
And I will take thee by the hands
And know thee mine at last.

〈早死〉

噢！憂傷，沒隨你的苦淚
生命過得之快；
天堂之門將敞開
最終，引我入。

然後，溫柔地坐在我旁
看我的青春消失；
神聖死亡的寂靜莊嚴
快速地到你這來。

但真愛，茫茫人海中尋我
魂魄飄過，
我將用手抱你
知曉最終，你屬我。

🌸 *Gone*

To touch the glove upon her tender hand,

To watch the jewel sparkle in her ring,

Lifted my heart into a sudden song

As when the wild birds sing.

To touch her shadow on the sunny grass,

To break her pathway through the darkened wood,

Filled all my life with trembling and tears

And silence where I stood.

I watch the shadows gather round my heart,

I live to know that she is gone –

Gone gone for ever, like the tender dove

That left the Ark alone.

〈走了〉

觸摸她纖細之手的手套，
注視她戒指上寶石閃耀，
揚我心，至一首突來之歌
如野鳥唱時。

觸摸她和煦之草的影子，
她行徑衝破了昏暗樹林，
讓我一生添滿了顫與淚
及我駐立的沉默。

我凝視集聚我心周圍的影子，
我活著知道她走了──
走了，永遠走了，像溫柔之鴿
不擾方舟。

🍀 The Lust of the Eyes

I care not for my Lady's soul
Though I worship before her smile;
I care not where be my Lady's goal
When her beauty shall lose its wile.

Low sit I down at my Lady's feet
Gazing through her wild eyes
Smiling to think how my love will fleet
When their starlike beauty dies.

I care not if my Lady pray
To our Father which is in Heaven
But for joy my heart's quick pulses play
For to me her love is given.

Then who shall close my Lady's eyes
And who shall fold her hands?
Will any hearken if she cries
Up to the unknown lands?

〈眼之色慾〉

我不在乎聖母的靈魂
雖然她微笑前，我膜拜；
我不在乎何是聖母的標竿
當她的美輸給了陰謀。

在聖母腳邊，我低坐
透視她狂野之眼
微笑地想，當它們星般閃耀的美死了
我的愛怎麼逃。

我不在乎聖母是否
向我天父祈禱
但為愉悅，我在乎心的脈搏快速跳動
於我，她付出愛。

然後，誰闔上聖母的眼？
誰會弄她的手，成交叉？
若她向無名之地哭訴，
將有人傾聽嗎？

🍀 *True Love*

Farewell, Earl Richard,

Tender and brave;

Kneeling I kiss

The dust from thy grave.

Pray for me, Richard,

Lying alone

With hands pleading earnestly,

All in white stone.

Soon must I leave thee

This sweet summer tide;

That other is waiting

To claim his pale bride.

Soon I'll return to thee

Hopeful and brave,

When the dead leaves

Blow over thy grave.

Then shall they find me

Close at thy head

Watching or fainting,

Sleeping or dead.

〈真愛〉

別了！理查伯爵，

溫柔與勇敢；

我跪下，吻了

你墳墓的灰塵。

理查，為我祈禱，

你孤單地躺

用手誠摯地懇求，

所有落於白石。

很快，我必須離開你

此甜美的夏潮；

另一個在等待

要他軟弱的新娘。

很快，我將回到你身邊
希望與勇敢，
當凋葉
吹過你的墳幕。

然後，它們會發現我
親近你的頭
注視或不省人事，
睡或死。

A Year and a Day

Slow days have passed that make a year,

Slow hours that make a day,

Since I could take my first dear love

And kiss him the old way;

Yet the green leaves touch me on the cheek,

Dear Christ, this month of May.

I lie among the tall green grass

That bends above my head

And covers up my wasted face

And folds me in its bed

Tenderly and lovingly

Like grass above the dead.

Dim phantoms of an unknown ill

Float through my tired brain;

The unformed visions of my life

Pass by in ghostly train;

Some pause to touch me on the cheek,

Some scatter tears like rain.

A shadow falls along the grass

And lingers at my feet;

A new face lies between my hands –

Dear Christ, if I could weep

Tears to shut out the summer leaves

When this new face I greet.

Still it is but the memory

Of something I have seen

In the dreamy summer weather

When the green leaves came between:

The shadow of my dear love's face –

So far and strange it seems.

The river ever running down

Between its grassy bed,

The voices of a thousand birds

That clang above my head,

Shall bring to me a sadder dream

When this sad dream is dead.

A silence falls upon my heart

And hushes all its pain.

I stretch my hands in the long grass

And fall to sleep again,

There to lie empty of all love

Like beaten corn of grain.

〈一年又一天〉

慢慢的日子過了，一年了，

緩緩的時刻，一天了，

自從我找到了親親的初愛

用舊式吻他；

綠葉摸我臉頰，

這五月，親愛的救世主。

高高的綠草間，我躺著

它們彎身，高於我頭

掩飾我臉上的損耗

用床籠罩我

溫柔地與鍾愛地

像死者之上的草。

未知的病，有模糊的幻影
浮游、穿過我疲憊的腦；
我生命未成形的前景
幽靈火車裡，越過；
一些暫停，摸我臉頰，
一些灑淚，如雨。

沿草，一個影子落下
在我腳邊閒蕩；
一張新面孔位於我手之間──
親愛的救世主，若我可泣
當此臉映入眼簾
淚會隔離夏葉。

靜止如是，但某事的
記憶，我看過了
在如夢似幻的夏令
當綠葉來到中間：
我親密愛人的臉，那影──
好遠，也好陌生。

河在草床間
往下流，
千隻鳥的聲音
在我頭上響，
帶來一個更傷感的夢
此悲夢斷氣時。

沉默落我心上
封鎖所有的痛。
我在長草裡伸手
再次睡著，
那兒，臥有全愛的騰空
如被擊的玉米粒。

🍀 *Fragment of a Ballad*

Many a mile over land and sea
Unsummoned my love returned to me;
I remember not the words he said
But only the trees moaning overhead.

And he came ready to take and bear
The cross I had carried for many a year,
But words came slowly one by one
From frozen lips shut still and dumb.

How sounded my words so still and slow
To the great strong heart that loved me so,
Who came to save me from pain and wrong
And to comfort me with his love so strong?

I felt the wind strike chill and cold
And vapours rise from the red–brown mould;
I felt the spell that held my breath
Bending me down to a living death.

〈歌謠之碎〉

跨過地與海的遠程
我未傳喚的愛回到我身邊；
我遺忘他說的
只記得頭上樹的呻吟。

他來，準備取與扛
我帶了多年的十字架，
話慢慢的　一字接一字
從凍唇而來　靜、啞之閉。

對如此愛我的劇烈之心，
我語聽來何等靜止、緩和
誰來拯救我，脫離痛與誤
用堅實的愛來撫慰我呢？

我感覺風敲，又顫又冷
蒸氣從紅棕的肥土升起；
感覺符咒控制我呼吸
讓我日子悲慘。

🌸 *Worn Out*

Thy strong arms are around me, love

My head is on thy breast;

Low words of comfort come from thee

Yet my soul has no rest.

For I am but a startled thing

Nor can I ever be

Aught save a bird whose broken wing

Must fly away from thee.

I cannot give to thee the love

I gave so long ago,

The love that turned and struck me down

Amid the blinding snow.

I can but give a failing heart

And weary eyes of pain,

A faded mouth that cannot smile

And may not laugh again.

Yet keep thine arms around me, love,

Until I fall to sleep;

Then leave me, saying no goodbye

Lest I might wake, and weep.

〈耗盡〉

我的愛！你強有力的膀臂環繞我
我的頭靠你胸；
低語的撫慰，自你而來
我的靈魂尚未休憩。

我只是個嚇人的東西
我不會
拯救一隻斷翼的鳥
牠一定從你那兒飛走。

我無法給你愛
很久之前給了，
愛，於雪之目眩
拒絕、打倒了我。

我只能給一顆缺陷的心、
筋疲力竭的痛苦之眼、
與一張無法微笑的
或許再也笑不出來的垂老之嘴。

我的愛！繼續用你的手摟住我，

直到我睡著；

然後離開我，別說再見

唯恐我醒來，哭泣。

瑪麗·伊莉莎白·柯立芝
（Mary Elizabeth Coleridge，1861–1907）

瑪麗‧伊莉莎白‧柯立芝
（Mary Elizabeth Coleridge，1861-1907）

　　瑪麗‧伊莉莎白‧柯立芝活著時，是一位暢銷小說家、受
敬重的文學評論家與傳記作者，死後，直到今天，卻以詩聞名於
世。十三歲那一年，她動筆寫下第一首詩，就此，注定了她永世
的文字魂魄。

🍃 奔流的細胞

　　瑪麗‧伊莉莎白1861年8月23日出生於倫敦，來自一個充滿
文藝氣息的家庭，父親是位歌劇家，以男高音著稱，他為人親
切，又氣派，一襲波浪型的灰髮，自然捲到前額，據說有一副羅
馬帝王的面相，因他的威嚴，瑪麗在行事上小心翼翼，舉止合
宜，也因規律，私底下起了叛逆的因子，在她小腦袋裡，開發了
無限的想像空間。

　　她是浪漫詩人塞繆爾‧泰勒‧柯立芝（Samuel Taylor Coleridge）的曾姪孫女，作家莎拉‧柯立芝（Sarah Coleridge）的姪孫女，因家族的牽繫，經常有知名人士到家裡走動，如詩人丁尼生與白朗寧（Robert Browning）、小說家特羅洛普（Anthony Trollope）、藝術史家約翰‧羅斯金、前拉菲爾兄弟派畫家米萊與漢特、演員凡妮‧肯布爾（Fanny Kemble）、歌手珍妮‧林德（Jenny Lind）……等等，大多為文學與藝術圈的才子才女，不僅基因，再加上從小耳濡目染，讓她在知性上更往前跨，文藝的豐盈與創作的蠢蠢欲動，不斷在血液中奔流。

🍃 手足之情

　　她生性害羞，常有奇想，心思反覆無常，愛讀書，喜歡跟文字為武，相對於小四歲的妹妹芙蘿崙絲（Florence）在皇家學院攻讀音樂，顯然有著不同的生涯選擇，她們一塊兒長大，性格、喜好上分岐的厲害，之後，兩人走出不一樣的藝術之路，一個文學，另一個音樂。

　　手足之間產生了一種剪不斷理還亂的思緒，情感深濃，卻有解不開的心結，因此，瑪麗的文字裡，經常跳出「雙對」的意象，有各樣的物件相對，它們等質等量，性質各異，像白與藍、花與鳥、風暴與寧靜、強勁與虛弱、富裕與貧窮……等等，此現象來自於她的潛意識，是相爭、敵對，是苦悶、不安的起源，但又有一份聯結。

　　這情形讓我聯想起一幅畫，是女畫家愛瑪麗塔‧雪吉爾
（Amrita Sher–Gil）1932年的〈睡眠〉（"Sleep"），這表面上看
來僅是一名女子性感的身體，但描繪的卻是手足的糾纏，她有位
妹妹，叫印地拉（Indira），這張畫，此頭部是屬於妹妹的，有一
張佼好的臉蛋，在這兒，她不朝向觀眾，只露側面，眼睛也閉起
來，似乎沉睡了過去，畫家藉「睡」的理由，闡述自己不願面對
的心理，而，那躺在床上的裸身屬於畫家自己，性欲的崩裂，坦
然的結實感，表現的是強烈的性格，主動出擊，一種挑戰妹妹的
意味，就此流露。

愛瑪麗塔‧雪吉爾（Amrita Sher–Gil，1912–41）
〈畫架前的自畫像〉（ "Self–Portrait at Easel"）
約1930年
油彩，畫布
90×63.5公分
新德里，國立現代藝術館
（Gallery of Modern Art，New Delhi）
※「手足相爭」的體現。

　　如愛瑪麗塔與印地拉的情節，瑪麗與芙蘿崙絲之間也難以釐清，不過，挑戰歸挑戰，彼此有永不分開的盟約，說來，在瑪麗的文字裡，透露了姐妹之間某程度的生命共同體！

🍃 與文共舞

　　她從小愛發問，特強的好奇之心，十二歲時，讀希伯來文，對字形起了濃厚的興趣，很主動要求爸爸教授她認識外文，之後，靠研習、請教他人，每年也到歐洲旅行，增廣見聞，藉這些途徑，不但精通拉丁文與希伯來文，也講了一口流利的德、法、希臘、與義大利語，對語文之敏銳，學習、吸收之快，可見一般啊！

　　童年，她愛上了白朗寧的詩，有一次機緣，唸到他的一首詩劇〈在陽台裡〉（"In a Balcony"），裡面的迷人角色、戲劇化情節、與偶有懸而未決，讓她內心上上下下，為此，讚嘆不已，說：

> 我認為它通入了我的血液。

　　這短短的一句話，說盡了瑪麗已設定的寫作典範，在她出版的幾本膾炙人口的小說，包括《雙面國王》（*The King with Two Faces*）、《以弗所長眠七聖賢》（*The Seven Sleepers of Ephesus*）、《火樣黎明》（*The Fiery Dawn*）、《牆上影子》（*The Shadow on the Wall*）、與《客廳地板上的仕女》（*The Lady on the Drawingroom Floor*），及許多的短篇小說，觸碰的主題，不外乎神秘的黑社會、中古的浪漫、偽裝面具、兄弟情、歷史的謀殺事件……等等，真逼近白朗寧營造的氣氛。

除了白朗寧，還有蘇格蘭作家喬治‧麥克唐納（George MacDonald）與沃爾特‧史考特爵士（Sir Walter Scott）、詩人理查‧華森‧狄克遜（Richard Watson Dixon）與克莉斯緹娜‧羅塞蒂（Christina Rossetti）的作品也竄進她的創作細胞，深刻的左右了她的寫作內容與風格。

其實，她的小說之所以受歡迎，並非情節或角色的發展，而是以戲劇化的片段侵佔人心，有這特色，也難怪寫起詩來，得心應手，基本上，她用獨特詩的韻律與詞彙，來處理各文體，不論小說、小品文、文學評論、或傳記。

◢ 文學衝擊

1880年代，二十多歲的她，喜愛邀請一群朋友，每周四到家裡討論文學，這定期的聚會，被起了個名字，叫「長靠椅」（The Settee），大夥們彼此分享、激辯，知性的靈感與火花便衝擊了出來，瑪麗經常藉此機會朗誦她近來的詩，在場人士為之振奮，其中，一名紳士亨利‧紐伯特（Henry Newbolt），在聽見瑪麗的詩後，感動不已，寫下：

我沒像她那樣有天分，我拙劣詩行，可說處於退休狀態了。

　　紐伯特是一位英國傑出的詩人，他的〈杜雷克之鼓〉（"Drake's Drum"）與〈他們在傳遞生命的火炬〉（"Vitai Lampada"）成了英語詩的頂極，然而，聆聽她的詩，卻謙卑了起來，自嘆不如呢！可見瑪麗身為女子，有著不凡的文學才氣，與不讓鬚眉的風範，跟一流的男性詩人可平起平坐了。

🍃 入詩壇，是那不經意

　　雖然擅於寫詩，但瑪麗從未夢想當一名詩人，她詩集的問世純屬一樁意外，情況是這樣的，她一位朋友微歐蕾特·霍奇金（Violet Hodgkin），也是一名作家，有一次故意將瑪麗的手寫詩稿放在明顯處，想讓桂冠詩人羅柏·布瑞紀斯（Robert Bridges）一下就可看見，微歐蕾特希望他發掘瑪麗的詩情，結果，如她所願，他真的仔細讀了，愛不釋手，之後，建議出版，然而，瑪麗有所顧慮，怕詩一曝光，會有損家族的名譽，經一段時間的說服，最後她同意了，但有個條件，得以「阿諾竇斯」（Anodos）之名出版，此筆名是她取自於喬治·麥克唐納的小說《幻想家》（*Phantastes*）裡男主角的名字，有「流浪者」之意。

　　順利的，她的第一本詩集《想像的追隨》（*Fancy's Following*）於1896年誕生了，一年後，又有另一本詩集《想像的獎賞》（*Fancy's Guerdon*）出版。1908年，她死後四個月，亨利·紐伯

特感嘆她詩的才氣，沒讓世人好好的了解，於是慎選了她237首好詩，編輯後，正式用真名來出版，命《瑪麗·伊莉莎白·柯立芝的詩》（*Poems by Mary E. Coleridge*），自此，她的詩贏得廣大群眾們的喜愛，一版再版，從沒間斷，於1954年，亨利·紐伯特的孫女兒決定加上瑪麗的另外31首，重新以《瑪麗·柯立芝詩選》（*The Collected Poems of Mary Coleridge*）出版。

在我閱讀她的小說、小品文、文學評論，發現語調常有激辯，有剛毅、咄咄逼人之姿，像劈柴一般清脆，而詩呢？句子大多短短的，一份特殊情懷，闡述無限的失落與對世間變化的嘆息，兼具美與神祕。如桂冠詩人布瑞紀斯描述的：

在她精巧、簡約的詩行裡，特質──是迷，而非謎！

在精簡的詩行，她排除謎團，專注那迷人的性格啊！

🍃 純然之愛

瑪麗終身未嫁，全心奉獻給寫作，1907年8月，當她到英格蘭北約克夏郡渡假時，突然患了盲腸炎，因來不及急救，最後撒手人間，死時才四十五歲，青春依舊綻放的年齡，身後留下一本小說手稿還未完成，與幾百首等待出版的詩。

　　瑪麗生前除了寫作，也在家裡與職業婦女學校教文學，花不少時間為社會做善事，幫助窮人。據說她去世後，她的學生們不願接受新聘的老師，決定解散，此不就證明她的教法與善心擄獲了人心了嗎！

　　她的墓碑上，被刻有一個片語，取自於聖保羅的引言：「純然之愛」，精簡的字樣，總結了她的生命，對人類，對文學的愛，是如此的真，如此的純。

🌸*A Moment*

The clouds had made a crimson crown
Above the mountains high.
The stormy sun was going down
In a stormy sky.

Why did you let your eyes so rest on me,
And hold your breath between?
In all the ages this can never be
As if it had not been.

〈一刻〉

雲造了一頂緋紅王冠
於山高之上。
激怒之陽下沉
於風暴的天空。

為何讓你的眼,在我這兒如此休憩,
在之間憋氣呢?
老老少少,這一點也不
彷彿從不。

After St. Augustine

Sunshine let it be or frost,
Storm or calm, as Thou shalt choose;
Though Thine every gift were lost,
Thee Thyself we could not lose.

〈於聖奧古斯丁之後〉

陽光任由它、或結霜，
風暴或鎮靜，你必選擇；
你每份禮物，雖已失，
於你自身，我們無失。

❀ *Blue and White*

BLUE is Our Lady's colour,

White is Our Lord's.

To–morrow I will wear a knot

Of blue and white cords,

That you may see it, where you ride

Among the flashing swords.

O banner, white and sunny blue,

With prayer I wove thee!

For love the white, for faith the heavenly hue,

And both for him, so tender–true,

Him that doth love me!

〈藍與白〉

藍是聖母之色，
白屬於上帝。
明日，我將繫上一個結
用藍與白繩索打成
在閃耀劍叢中，
你凌駕之處，可見著。

噢！旗幟，白與亮藍，
隨祈禱，我向你招手！
為愛，而白；為信實，成天堂之調，
兩者因他，如此纖柔，之真，
他的確愛我！

🍀 *Come Home!*

When wintry winds are no more heard,

And joy's in every bosom,

When summer sings in every bird,

And shines in every blossom,

When happy twilight hours are long,

Come home, my love, and think no wrong!

When berries gleam above the stream

And half the fields are yellow,

Come back to me, my joyous dream,

The world hath not thy fellow!

And I will make thee Queen among

The Queens of summer and of song.

〈回家！〉

當寒風不再聽見，
愉悅在每一胸堂，
當夏天，每隻鳥唱和，
閃耀在每一朵花，
當幸福的餘暉時刻長，
回家吧，我的愛，別想錯！

當莓果在溪上閃爍
田的一半是黃，
回來我這兒，我雀躍的夢，
世界沒妳作伴！
在冠上夏與歌的皇后之間
我讓妳當女王。

✿An Insincere Wish Addressed to a Beggar

We are not near enough to love,

I can but pity all your woe;

For wealth has lifted me above,

And falsehood set you down below.

If you were true, we still might be

Brothers in something more than name;

And were I poor, your love to me

Would make our differing bonds the same.

But golden gates between us stretch,

Truth opens her forbidding eyes;

You can't forget that I am rich,

Nor I that you are telling lies.

Love never comes but at love's call,

And pity asks for him in vain;

Because I cannot give you all,

You give me nothing back again.

And you are right with all your wrong,

For less than all is nothing too;

May Heaven beggar me ere long,

And Truth reveal herself to you!

〈一個致給乞丐的虛偽祝願〉

我們還不足夠去愛，

我僅能同情你所有的疾苦；

因財富已將我拉上來，

而謬誤把你扯下去。

你若真，我們仍可

稱兄道弟，那勝於名字；

我若窮，你對我的愛

我們不再有分歧。

但，我們之間的金色大門展開，

真理睜開她可怕的眼；

我有錢一事，你難忘記，

你說謊，我也牢記。

愛永不來，只有愛的呼喚，
要求他憐憫，徒勞的；
因我不能給你一切，
你又無法還我什麼。

因你所有的錯，你是對的，
因少於一切，也空無；
願不久後上蒼讓我貧，
真理會自己啟示給你！

❀ *I Ask of Thee, Love, Nothing but Relief*

I ask of thee, love, nothing but relief.

Thou canst not bring the old days back again;

For I was happy then,

Not knowing heavenly joy, not knowing grief.

〈愛！我只向你要求寬慰〉

愛！我只向你要求寬慰。

你無法引回舊日的時光；

我當時快樂，

不知天堂之悅，不懂悲。

🌸 *A Huguenot*

Oh, a gallant set were they,

As they charged on us that day,

A thousand riding like one!

Their trumpets crying,

And their white plumes flying,

And their sabres flashing in the sun.

Oh a sorry lot were we,

As we stood beside the sea,

Each man for himself as he stood!

We were scattered and lonely –

A little force only

Of the good men fighting for the good.

But I never loved more

On sea or on shore

The ringing of my own true blade.

Like lightening it quivered,

And the hand helms shivered,

As I sang, "None maketh me afraid!"

〈一位胡格諾教徒〉²

噢！他們一副英勇，
那日向我們收取，
一千馬騎，如一！
他們喇叭喊，
他們白羽飛，
他們馬刀閃在太陽裡。

噢！我們落難的一群，
站在海邊，
每人為自己立著！
我們疏疏落落與孤單——
僅一些力
屬善人的，為善事戰鬥。

但愛極了
在海上、或岸邊
我的真劍發了聲響。
像震懾的閃電，
顫抖的手舵，
我唱：「無人讓我恐懼！」

---

² 　胡格諾教徒（Huguenot）是十六與十七世紀法國的新教改革派教會的
　　成員。

🌸*Affection*

The earth that made the rose,

She also is thy mother, and not I.

The flame wherewith thy maiden spirit glows

Was lighted at no hearth that I sit by.

I am as far below as heaven above thee.

Were I thine angel, more I could not love thee.

Bid me defend thee!

Thy danger over – human strength shall lend me,

A hand of iron and a heart of steel,

To strike, to wound, to slay, and not to feel.

But if you chide me,

I am a weak, defenceless child beside thee.

〈情愫〉

土餵食了玫瑰，

她也是妳母親，非我的。

火燄，隨妳娘家之魂燒著

我坐邊無爐灶，卻點燃了。

遠如妳之上的天堂一般低。

我若成妳的天使，愛妳到極限。

懇求我守護妳！

妳的危險，勝於人的耐力，應借我，

一隻鐵手與一顆鋼心，

去擊、去傷、去殺，不要去感覺。

但你若責備我，

在妳一旁，我是虛弱、手無寸鐵的孩子。

🌼 *Larghetto*

Grant me but a day, love,

But a day,

Ere I give my heart,

My heart away,

Ere I say the word

I'll ne'er unsay.

Is it earnest with me?

Is it play?

Did the world in arms

Cry to me, "Stay!"

Not a moment then

Would I delay.

Yet, for very love,

I say thee nay.

Ere I give my heart,

My heart away,

Grant me but a day, love,

But a day!

〈甚緩板〉

愛，只給我一天，
僅僅一天，
在我給心之前，
送走我的心，
在我說話之前
永不收回。

它跟我認真的？
玩的？
若爭鬥的世界
向我哭訴：「留下來！」
那麼，無一刻
我會耽誤。

然而，此愛，
我向你說不。
在我給心之前，
送走我的心，
愛，只給我一天，
僅僅一天！

🌸 *Death and the Lady*

TURN in, my lord, she said;

As it were the Father of Sin

I have hated the Father of the Dead,

The slayer of my kin;

By the Father of the Living led,

Turn in, my lord, turn in.

We were foes of old; thy touch was cold,

But mine is warm as life;

I have struggled and made thee loose thy hold,

I have turned aside the knife.

Despair itself in me was bold,

I have striven, and won the strife.

But that which conquered thee and rose

Again to earth descends;

For the last time we have come to blows.

And the long combat ends.

The worst and secretest of foes,

Be now my friend of friends.

〈死亡與仕女〉

她說：轉進來，我的主人；
像罪惡之父
我已憎恨死亡之父，
殺我親人的兇手；
由存活之父帶領，
轉進來，我的主人，轉進來。

我們是老冤家；你一觸即冷，
但我的跟生命一樣溫；
我已爭扎，讓你鬆去所握的，
我已撇開刀子。
我的絕望無畏，
我已努力，贏了紛擾。

但，那征服了你與玫瑰
再度降到土地；
最後一次，我們廝打了。
結束長期的戰鬥。
最糟糕、最隱密的敵人，
現在是我友好之最。

🌸 *Gibberish*

Many a flower have I seen blossom,
Many a bird for me will sing.
Never heard I so sweet a singer,
Never saw I so fair a thing.

She is a bird, a bird that blossoms,
She is a flower, a flower that sings;
And I a flower when I behold her,
And when I hear her, I have wings.

〈胡言亂語〉

我看見許多花兒盛開，
許多鳥兒將為我唱。
我從來沒聽過如此甜美的歌手，
我從來沒看過如此公平的事情。

她是一隻鳥，一隻盛放的鳥，
她是一朵花，一朵吟唱的花；
我成了花，當我看她，
當我聽她，我長了翅膀。

~~~~ 第三章 ~~~~

性感脈搏，燃點了革命

黛爾米拉・阿古斯蒂尼
（Delmira Agustini，1886–1914）

黛爾米拉·阿古斯蒂尼
（Delmira Agustini, 1886–1914）

　　來自烏拉圭（Uruguay）的黛爾米拉·阿古斯蒂尼，公認拉
丁美洲最偉大的詩人之一，她在世上只活二十八年，前半與後半
割開，剛好是跨世紀的臨界點，生命雖短，但她文字裡，宣揚的
抒情主義，大膽的幻想，流露的性感，卻驚醒後世，燃點了詩的
革命，最終，她贏得一個美名──西班牙美洲文學第一位現代女
詩人。

🌿 兩色的明珠

　　黛爾米拉1886年10月24日出生於首都蒙特維多（Montevideo），
家庭富裕，早期，父母是義大利移民者，祖父與外公來自法國與
德國，祖母與外婆是烏拉圭人，身為混血兒，承襲了一半的歐洲
血統，有一雙藍眼珠，時而，在某角度觀視，閃出了綠，她有白
晰的肌膚，苗條的身材，長得特別美，有超凡與純真的性格，仙

境般的，同時又給人一種脆弱之感，旁人一見到，一致讚嘆她甜美，如天使。

她是家中唯一的女兒，很受寵，要什麼有什麼，享受無窮的愛，她對人的付出，也是無條件的。在豐盈的環境長大，沒有驕縱的養成，反而心智早熟，知性的發展相當驚人，除了講一口流利的法文，彈一手好琴，也能畫畫，重要的，五歲能讀能寫，十歲即可作詩了。

說來，她兩式性格，在人前，一副上流社會的教養，與宗教的道德情操，也順從長輩們，被起了暱名——「嬰兒」（"La Nena"），此並非憑空而來，她模樣像嬌嫩的磁娃娃，一切毫無瑕疵；然私底下，夜晚獨處時，她變了個人似的，能量逐一爆發，神經與洞察力也萬分的敏銳，情感澎湃，也充斥著烈性，脾氣狂暴，如海嘯，這時，她靈魂出鞘了嗎？

不過，就靠這魂鞘，她的詩行，才洋溢出來。

非矯飾的迷亂

黛爾米拉詩作多刊登於文學雜誌，其中，最常出現在《黎明》（*La Alborada*），起初，她用「Joujou」（「柔柔」之意）筆名寫專欄，內容跟貴族情趣、對話有關，很快地，她引起了其他拉丁美洲知識份子們的注意。

　　1907年，她二十一歲，第一本詩集《白紙》（*El libro blanco*）問世了，三年後，出版《早晨詩篇》（*Cantos de la mañana*），1913年，走入婚姻之前，又出《空酒杯》（*Los cálices vacíos*），在此詩集裡，她宣佈下本書叫《深淵之星》（*Los astros del abismo*），連名字都想好了，並誓言這將會是她此生的頂極之作，然而，不幸的，一年後，詩稿還未完成，就被槍殺而死，於1929年後，她的這些稿子再加上部份未出版的《愛神念珠》（*El rosario de Eros*）手卷被整理出來，最後，真以《深淵之星》之名出世，了了她的遺願。

　　黛爾米拉受到法國象徵派文學與尼采哲學的影響巨烈，詩的洞悉、原始性，有夢遊的奇幻，深厚的抒情，及形而上的表現，她的語彙，常有雕像、蠟燭、蛇、貓頭鷹、霉菌、酒、天鵝、蟲、塵封、吸血鬼……等等字眼，來闡揚自己思緒——複雜，像個無底洞。說來，她是擅長象徵手法的高手。

　　讀著她的詩，感受極大的愉悅，同時，又有某種的極端，使人難消受，關於這點，詩人自己也透視到，文思襲來時，她不得不寫，因那惱人、侵擾的苦，最終，她蹦出一句：「我幾乎不想寫了。」為什麼呢？那是極痛的過程啊！

　　愛與情色是貫穿詩行的主題，大膽的探索潛意識的慾望，她懂得感覺，有膽識呈現，這是過去，沒有一位女作家敢做的，為此，也跌破當代文學人的眼鏡，震撼了男性思想家們，像哲學家卡洛斯‧巴斯‧費雷里奧（Carlos Vaz Ferreira）說：

　　　　非矯飾的迷亂、困惑，什麼直入了她呢？感覺吧！她在紙上寫的，已完全讓人無法理解。

　　「無法理解」？倒不是她的詩行難懂，而是她的情思，迷亂了讀者。當然坦承之餘，也釋放一份神秘，深沉的謎，令人百思不解。

🍃 猶如聖德瑞莎

　　黛爾米拉是屬於1910–1920年代拉普拉塔河（Río de la Plata）地域的詩人，當時拉丁美洲詩界清一色全為男性，知名的有胡力歐‧艾雷拉伊雷伊‧希格（Julio Herrera y Reissig）、盧貢內斯（Leopoldo Lugones）、魯本‧達利歐（Rubén Darío）……等人，其中，來自尼加拉瓜（Nicaragua）的達利歐是西班牙美洲文學的現代主義運動（modernismo）之父，他對黛爾米拉的作品情有獨鍾，認定她是唯一真正的女性作家，並將她比喻為十六世紀的聖德瑞莎（Teresa of Ávila）。

聖德瑞莎？是誰呢？一位西班牙的聖女，也是神秘家、天主教修女、作家兼詩人、鼓吹反宗教改革運動者，她的文字散發一種不矯揉造作的優雅、絢麗、潔淨，落下一股迷惑的力量，因此，在西班牙文學界，她有著崇高的地位。黛爾米拉的詩充滿情色，膜拜愛神（Eros），而聖德瑞莎追求精神提升，她的神是創造宇宙的上帝與聖母馬麗亞，如此天南地北，怎混為一談呢？

說到這兒，我想用一幅與黛爾米拉同時代的畫來解釋，或許就能明瞭，它是挪威畫家孟克（Edvard Munch）的〈聖母瑪利亞〉，傳統上，聖母瑪利亞有著聖潔、端莊、成熟的形象，全身密不透風，人難有歪思的念頭，然而，孟克的聖母瑪利亞，卻煥然一新，變得輕挑，幾乎全裸，從角度與神情看來，彷彿一位沉淪的女子，在跟男人做愛，充滿了肉慾，如火燒一般，她不但沒有金色光環，反而戴上一頂紅色的圈套，跟嘴唇的紅，及乳頭與肚臍上的三個紅點，形成互映，象徵「愛」與「痛」雙關。但，另一方面，她闔上眼，展現了謙遜，份外的寧靜與沉著，同時，光源從左上方照射下來，她身體朝光，似乎在享受上天的溫煦，像承接聖靈，那樣全心奉獻，此部份說明了一種神聖性。

所以說，孟克企圖在這聖母瑪利亞身上，表現兩種義涵，一是精神的飛升，二是情慾的狂喜。當肉體與精神專注，達到極致時，可以完全融為一體，兩者不應、也不該分開，因此，話說回

愛德華‧孟克
〈聖母瑪利亞〉（"The Madonna"）
1894–5年
油彩 畫布
91×71 公分
奧斯陸，國家美術館
（Nasjonalmuseet, Olso）

來，詩人達利歐將愛慾的黛爾米拉比喻成神性的聖德瑞莎，是絕
對恰當的。

紅顏薄命

　　黛爾米拉充沛的情慾，因親身的經歷嗎？

　　話說她婚前，曾與兩名男子，索勒斯（Amancio Sollers）與
甘特（Manuel Ugarte）交往，特別後者是一位作家，懂文學，兩
人互寫情書，流露無限的澎湃與熱情，但同時，另一名馬商雷耶
斯（Enrique Job Reyes）也愛上了她，在長時日的追求與交往，最
後，她嫁給了他，這是一段門當戶對的婚姻，婚禮在1913年8月14

日舉行，不久後，才察覺他智力平庸，不懂浪漫，又常辱罵她，用一些難堪的字眼，像人渣、妓女、痙攣……，不斷刺傷她，這樣，她怎能繼續跟他同住一個屋簷下，於是，決定離開，直到隔年6月，兩人正式離婚，沒想到，一個月後，雷耶斯1917年7月6日，拿槍射擊，她當場斃命，隨後，他也自殺身亡。

黛爾米拉死時，正好第一次世界大戰爆發後幾天，真是紅顏薄命，一場悲劇！

她是為愛來到世上，肉慾的陶醉，仿如酒神的施法，但同時，又有走鋼索的危險性格，我想，無法超越的情緒沸點，出口又被堵，才是導致她悲劇的真正理由吧！

麗妲的迷思

其實，黛爾米拉身為女子，她的美，她的年輕，有才氣、有膽識，一切亮麗的元素，讓周遭人難接受，她活的時候，不少作家與評論家不願嚴肅看待她的作品，甚至，還認為那小腦袋裡不知裝了什麼，懷疑她對性過度的迷戀，形容如一隻發熱的麗妲（Leda）……等等。

談到「麗妲」，我們知道她是希臘神話裡的角色，來自厄多里亞（Aetolia）的公主，嫁給斯巴達國王坦達瑞歐斯（Tyndareos），雖身為人妻，她的美誘惑了天神宙斯，為了與她親近，宙斯喬裝成

達文西（Leonardo da Vinci，1452–1519）
〈麗姐〉（"Leda"）
1504–10年
油彩，畫布
112×86公分
羅馬，波格賽美術館（Galleria Borghese，Rome）

一隻天鵝，假藉逃避老鷹，躲進麗姐的懷裡，以求保護，之後，他向她求愛，兩人到森林裡交歡，回到宮裡，她又跟丈夫做愛，沒多久，產下兩顆蛋。

　　現實生活中，黛爾米拉一點也不像麗姐，但在寫作情懷、性愛的暗喻上，倒類似此神話故事。現代阿根廷小說加家莫洛依（Sylvia Molloy）更延伸，說黛爾米拉故意用「天真」的形象來保護自己，認為這群現代主義男性作家們用一種不尊重，甚至憎恨女人的態度，來對待黛爾米拉，暗示他們是天鵝的翻版，只想做愛，卻一點也不想負責。

古斯塔夫‧克林姆（Gustav Klimt，1862-1918）
〈茱迪斯之一〉（"Judith I"）
1901年
油彩，畫布
84×42 公分
奧地利，美景宮美術館（Belvedere Palace，Austria）

※ 典型的「致命女體」形象。

🍃 波特萊爾的繼承人

其實，在文學裡，她一直被貼上「致命女體」[3]（*femme fatale*）的符咒──陶醉的情慾，又有玩火的性格，而詩作，含有快樂與痛苦、慾望與性無能、淫逸與施虐、自由與囚禁、上帝與

---

[3] 從古到今，「致命女體」已成為文學與藝術的原型，指的是蛇蠍美人，神秘、誘人，擁有一種超自然的能力，可用美、魅力、與性誘惑，在男人不可抗拒的欲望之下，將他們催眠，最後引上勾，情況經常處於危險、玩命的狀態，因此，有時被稱女巫、狐狸精、吸血鬼、惡魔⋯⋯等等外號。

邪惡、愛與毀滅、生與死‧‧‧‧‧等等的兩端意象。隨之，形塑了墮落文學，更與波特萊爾的詩相互輝映呢！

　　她因發出了最真誠、驚嘆的聲音，使致成為拉丁美洲的第一位現代女詩人，往後，還有幾位才女，像阿爾佛西娜‧斯托爾尼（Alfonsina Storni）、胡安娜‧伊瓦沃羅（Juana De Ibarbourou）、加夫列拉‧米斯特拉爾（Gabriela Mistral）‧‧‧‧‧等等，都展現了她們的寫作天分，能盡情抒展情思與肆無忌憚的想望，我想，要不是黛爾米拉為女性的創作鋪下了一條康莊大道，她們會走的更辛苦，所以，她功不可沒啊！

　　一切來自她最初的吶喊！

🌸 Al Claro De Luna

La luna es pálida y triste, la luna es exangüe y yerta.

La media luna figúraseme un suave perfil de muertas...

Yo que prefiero a la insigne palidez encarecida

De todas las perlas árabes, la rosa recién abierta,

En un rincón del terruño con el color de la vida,

Adoro esa luna pálida, adoro esa faz de muerta!

Y en el altar de las noches, como una flor encendida

Y ebria de extraños perfumes, mi alma la inciensa rendida.

Yo sé de labios marchitos en la blasfemia y el vino,

Que besan tras de la orgia sus huellas en el camino;

Locos que mueren besando su imagen en lagos yertos...

Porque ella es luz de inocencia, porque a esa luz misteriosa

Alumbran las cosas blancas, se ponen blancas las cosas,

Y hasta las almas más negras toman clarores inciertos!

〈月光中〉

月暗淡、悲傷，月無血、冷酷。
我想像　半月如死者的輪廓⋯⋯
優於阿拉伯珍珠的
名聲、讚揚之蒼白，萌芽的玫瑰較令我歡心。

此地之角，有土色，
我愛慕此黯淡之月，我愛慕此死亡面具！
在夜之聖壇，像一朵發亮的花，
陶醉於陌生的香水，我靈魂的托付。

我知道　隨褻瀆與酒憔悴之唇；
在狂歡後，親她小徑之痕。
瘋狂那類，吻她湖裡的影像，死了⋯⋯
因她純潔之光，因白物
照亮了她神秘之光，物取了白，
甚至最黑的靈魂成了漂泊的亮。

🌼 *El Nudo*

Su idilio fue una larga sonrisa a cuatro labios...
En el regazo cálido de rubia primavera
Amáronse talmente que entre sus dedos sabios
Palpitó la divina forma de la Quimera.

En los palacios fúlgidos de las tardes en calma
Hablábanse un lenguaje sentido como un lloro,
Y se besaban hondo hasta morderse el alma!...
Las horas deshojáronse como flores de oro,

Y el Destino interpuso sus dos manos heladas...
Ah! los cuerpos cedieron, mas las almas trenzadas
Son el más intrincado nudo que nunca fue...
En lucha con sus locos enredos sobrehumanos
Las Furias de la vida se rompieron las manos
Y fatigó sus dedos supremos Ananké...

〈結〉

他們的牧歌是四唇的微笑……
黃金之春的暖膝
他們愛那　明斷手指間的
顫抖吐火怪物的非凡。

寧靜午后　在微光宮殿
他們衷心如泣說話，
他們深吻彼此，刺痛了靈魂！
時光飄走，像金瓣，

命運潛入兩隻冰冷的手……
啊！屈就之身，纏繞之魂
是最錯綜複雜的結，永不打開……
瘋狂、不可思議的糾葛　起衝突
生命的復仇女神租借了成對之手
弄疲了你力道的手指，木衛十二……[4]

4　木衛十二或阿南科（Ananké），是希臘神話的命運女神之母，代表「必
　　然」，她以蛇形顯身，說明宇宙的起源。

🌸 *El Poeta Y La Ilusion*

La princesita hipsipilo, la vibrátil filigrana,

– Princesita ojos turquesas esculpida en porcelana –

Llamó una noche a mi puerta con sus manitas de lis.

Vibró el cristal de su voz como una flauta galana.

– Yo sé que tu vida es gris.

Yo tengo el alma de rosa, frescuras de flor temprana,

Vengo de un bello país

A ser tu musa y tu hermana! –

Un abrazo de alabastro...luego en el clavel sonoro

De su boca, miel suavísima; nube de perfume y oro

La pomposa cabellera me inundó como un diluvio.

O miel, frescuras, perfumes!...Súbito el sueño, la sombra

Que embriaga..Y, cuando despierto, el sol que alumbra en mi alfombra

Un falso rubí muy rojo y un falso rizo muy rubio!

〈詩人與錯覺〉

剛勇好戰的小公主，振動的精緻品，
──綠寶石之眼，瓷雕的，小公主──
一晚，用她鳶尾小手，敲我門。
她聲音顫抖之晶，像一支優柔的長笛：

──我知道妳生命灰。
我有玫瑰的靈魂，初綻之花的露珠，
我從美麗的家園來
當妳的妹妹與謬思！──

雪花石膏之臂⋯⋯然後，在醒目的康乃馨
她嘴，最柔的蜜；在一團金與香水
她圍繞我，女騎士性急，像一場大洪水。
噢！甜蜜、新鮮、製香水者！⋯⋯突來的夢、影子
陶醉了⋯⋯我醒來，太陽落我毯上
在假紅寶石，非常紅；在小假環，非常金。

🌸 *Intima*

Yo te diré los sueños de mi vida
En lo más hondo de la noche azul...
Mi alma desnuda temblará en tus manos,
Sobre tus hombros pesará mi cruz.

Las cumbres de la vida son tan solas,
Tan solas y tan frías! Y encerré
Mis ansias en mí misma, y toda entera
Como una torre de marfil me alcé.

Hoy abriré a tu alma el gran misterio;
Tu alma es capaz de penetrar en mí.
En el silencio hay vértigos de abismo:
Yo vacilaba, me sostengo en ti.

Muero de ensueños; beberé en tus fuentes
Puras y frescas la verdad, yo sé
Que está en el fondo magno de tu pecho
El manantial que vencerá mi sed.

Y sé que en nuestras vidas se produjo
El milagro inefable del reflejo...
En el silencio de la noche mi alma
Llega a la tuya como a un gran espejo.

Imagina el amor que habré soñado
En la tumba glacial de mi silencio!
Más grande que la vida, más que el sueño,
Bajo el azur sin fin se sintió preso.

Imagina mi amor, amor que quiere
Vida imposible, vida sobrehumana,
Tú que sabes si pesan, si consumen
Alma y sueños de Olimpo en carne humana.

Y cuando frente al alma que sentia
Poco el azur para bañar sus alas,
Como un gran horizonte aurisolado
O una playa de luz se abrió tu alma:

Imagina! Estrecha vivo, radiante

El Imposible! La ilusión vivida!

Bendije a Dios, al sol, la flor, el aire,

La vida toda porque tú eras vida!

Si con angustia yo compré esta dicha,

Bendito el llanto que manchó mis ojos!

¡Todas las llagas del pasado ríen

Al sol naciente por sus labios rojos!

¡Ah! tú sabrás mi amor, mas vamos lejos

A través de la noche florecida;

Acá lo humano asusta, acá se oye,

Se ve, se siente sin cesar la vida.

Vamos más lejos en la noche, vamos

Donde ni un eco repercuta en mí,

Como una flor nocturna allá en la sombra

Y abriré dulcemente para ti.

〈親密〉

我會向你傾訴我生命之夢
在最深的藍夜。
你的手中　我靈魂顫抖，
你的肩上　我痛苦可歇。

生命之頂是寂寞，
如此孤，如此冷！我
鎖住渴望，所有住
在我築的象牙塔。

今日，我將揭示一大謎；
你的靈魂能穿透我。
沉默有深淵之量：
我猶豫，持續在你那兒。

我死於夢；我從你泉中
飲真理，純與涼。
我知道　你胸井
有水池，解我渴。

我知　我們生活裡，這
是無法形容的奇蹟　反思……
寂靜　我靈魂至你深處
如一面堂皇之鏡。

想像我夢的愛
在沉默的冰墓！
愛，比生命巨，比夢大，
無休止地囚禁於碧空下。

想像我的愛，渴望
不可能的生命，超凡的生命，
明白扛擔與揮霍的你，
受真人束縛的　奧林帕斯山之夢。

與靈魂相遇，找到了
一片蔚藍，可浴翅膀
像一顆大、金的太陽，或
光的濱岸，你靈魂敞開：

想像！去擁抱不可能的！
幅射！生動的錯覺！
福佑的，上帝、太陽、花、空氣、
與生命所有，因你是生命！

若我用苦悶買下了幸福，
祝福沾污我的眼淚！
所有潰爛　屬過去的笑
漠視紅唇升起的太陽！

啊！我的愛，你要知道，
我們遠行，跨過華麗之夜；
那兒人驚恐什麼，你可聽說
看它，感覺它，生命無終！

我們走遠一點，入夜，我們到
那兒，我身上沒有回響，
像在影裡的一朵夜花，
濃情蜜意，我為你綻放。

🌸 *Nocturno*

Fuera, la noche en veste de tragedia solloza

Como una enorme viuda pegada a mis cristales.

Mi cuarto:...

Por un bello milagro de la luz y del fuego

Mi cuarto es una gruta de oro y gemas raras:

Tiene un musgo tan suave, tan hondo de tapices,

Y es tan vívida y cálida, tan dulce que me creo

Dentro de un corazón...

Mi lecho que está en blanco es blanco y vaporoso

Como flor de inocencia,

Como espuma de vicio!

Esta noche hace insomnio;

Hay noches negras, negras, que llevan en la frente

Una rosa de sol...

En estas noches negras y claras no se duerme.

Y yo te amo, Invierno!

Yo te imagino viejo,

Yo te imagino sabio,

Con un divino cuerpo de marmól palpitante

Que arrastra como un manto regio el peso del Tiempo...

Invierno, yo te amo y soy la primavera...

Yo sonroso, tú nievas:

Tú porque todo sabes,

Yo porque todo sueño...

...Amémonos por eso!...

Sobre mi lecho en blanco,

Tan blanco y vaporoso como flor de inocencia,

Como espuma de vicio,

Invierno, Invierno, Invierno,

Caigamos en un ramo de rosas y de lirios!

〈夜〉

晚之外，扮悲劇　嘆息
像一扇巨大的窗，扣緊我窗格。

我房……
光與火，多美的奇蹟
我房是一個金與寶石的洞穴：
有苔蘚多柔順，此掛毯多深邃，
輕快、灼熱，我想的多甜美

我在一顆心內……

我床漆白，既白又富幻想

長一朵無罪的花。

生罪惡的泡沫！

今晚帶來失眠；

是黑　　黑夜引向

一朵似太陽的玫瑰……

在這些黑與清晰的夜，我無眠。

冬，我愛你！

我想像你老，

我想像你智，

有敲擊大理石的神聖之身，

拖曳時間之重，像君王之袍……

冬，我愛你，我是春……

我臉紅，你下雪：

因一切　你知曉，

因一切　我夢想……

我們如此相愛！……

我床上，全漆白，

多白又富幻想　長一朵無罪的花，

生罪惡的泡沫，

冬，冬，冬，

我們掉入成群的玫瑰與百合！

🌸 *Tu Boca*

Yo hacía una divina labor, sobre la roca

Creciente del Orgullo. De la vida lejana,

Algún pétalo vívido me voló en la mañana,

Algún beso en la noche. Tenaz como una loca,

Sequía mi divina labor sobre la roca.

Cuando tu voz que funde como sacra campana

En la nota celeste la vibración humana,

Tendió su lazo do oro al borde de tu boca;

– Maravilloso nido del vértigo, tu boca!

Dos pétalos de rosa abrochando un abismos... –

Labor, labor de gloria, dolorosa y liviana;

¡Tela donde mi espíritu su fue tramando él mismo!

Tú quedas en la testa soberbia de la roca,

Y yo caigo, sin fin, en el sangriento abismo!

〈你嘴〉

我於岩上，做神聖之工
充滿傲氣。從遠處望
黎明，某一亮的花瓣飛過來，
夜的一吻。於岩上，
瘋女頑強，我墨守我的職責。

你聲音，像一只聖鈴，
天上摘要，人性顫慄，
從你嘴緣，伸出黃金的套索；

──你嘴，暈眩的絕妙之巢
兩片玫瑰花瓣緊鎖深淵‧‧‧‧‧‧──

工　榮耀之工──痛苦與輕挑；
織質　我精神的遊走──編織她自己！
你抵達岩石的蠻橫頭顱，

而我，不休，跌至血腥的深淵！

🌼 *Explosión*

Si la vida es amor, bendita sea!

Quiero más vida para amar! Hoy siento

Que no valen mil años de la idea

Lo que un minuto azul del sentimiento.

Mi corazon moria triste y lentos...

Hoy abre en luz como una flor febea;

La vida brota como un mar violento

Donde la mano del amor golpea!

Hoy partio hacia la noche, triste, fría

Rotas las alas mi melancolía;

Como una vieja mancha de dolor

En la sombra lejana se deslíe...

Mi vida toda canta, besa, ríe!

Mi vida toda es una boca en flor!

〈爆炸〉

若生命是愛，多麼福佑啊！
我要更多生命來愛！現在我感覺
一千年的思想比不上
立即的情感。

我的心慢慢、悲哀地死去……
此刻綻放　像一朵太陽神之花：
生命串流　像狂暴之海
被愛之手鞭打。

我的悲嘆飛入了夜──悲、冷
有著斷翼；
像一處舊疤，繼續痛──
在遙遠之蔭　溶化……
我生命所唱　所吻　所笑！
我生命是一張花飾之嘴！

🌸 *Inextinguibles*

Oh, tú que duermes tan hondo que no despiertas!

Milagrosas de vivas, milagrosas de muertas,

Y por muertas y vivas eternamente abiertas,

Alguna noche en duelo yo encuentro tus pupilas

Bajo un trapo de sombra o una blonda de luna.

Bebo en ellas la Calma como en una laguna.

Por hondas, por calladas, por buenas, por tranquilas

Un lecho o una tumba parece cada una.

〈不滅的〉

噢！睡之深的你，醒不來！
每晚悲慟時，我成了你的瞳孔，
生之神奇，死之神奇，

在生與死裡，永恆地敞開。

蔭的殘餘或月的絲緞帶之下，
我飲　如我寧靜的潟湖。
為深淵　為沉默　為善　為和平。

每一表象───一張床或一座墳墓。

第四章

顛沛流離，但忠於真情

瑪琳娜・伊萬諾夫娜・茨維塔耶娃
（Marina Ivanovna Tsvetaeva，1892–1941）

瑪琳娜·伊萬諾夫娜·茨維塔耶娃
（Marina Ivanovna Tsvetaeva，1892-1941）

　　瑪琳娜·伊萬諾夫娜·茨維塔耶娃是二十世紀蘇俄最重要的詩人之一，她的一生，年輕歲月被困在時代的劇變中。

　　2012年之春，我在《詩雜誌》（Poetry Magazine），讀到茨維塔耶娃的詩，之後，搜尋資料時，發現她的作品深刻的寫出人類艱難的處境，人怎麼渴望自由，活下去，又如何保有一份最純真的熱情，當然，她悽涼的身影，足以賺人落淚，感動之餘，想在她誕辰120週年的今天，述說她的故事，讓我們慢慢的讀她、看她，深透這位偉大的詩人……

🍃 靈感誕生了

茨維塔耶娃出生於1892年9月26日，父親是莫斯科大學的藝術教授，母親是位鋼琴演奏家，流有德國與波蘭的貴族血統，生活優沃的她，物質從不匱乏，受家人鼓勵，自然的，想當一名鋼琴家。然而，生活有著不為人知的一面，絕非表面那樣和諧。

問題出在，父親之前還有一位妻子，生下兩個小孩，不久後過世了，這留給他無限的哀思，往後，雖娶了茨維塔耶娃母親，依舊深愛著前妻，所以，從小，她發現母親跟父親與前妻的孩子處不好，家裡的氣氛怪異、凝重，爭吵不斷，不但在情感上，茨維塔耶娃有一種不安全感，甚至漸漸的，也沒慾望彈琴了，說出：

> 像她這樣的母親，我只有一個選擇：成為詩人。

十四歲那年，母親罹患肺結核，必須到陽光多的地方休養，於是四處旅行，她跟媽媽一起，到義大利、瑞士、法國⋯⋯等地，常常搬家、換學校，雖然自由，能盡情的跑跳，學會好幾種語言，但落得沒一刻穩定，此不斷的移動，也在心理上造成陰影，種下了一顆浪跡天涯的因子。

不過值得一提，當她在熱那亞的Nervi時，目睹一群流亡的知識份子，他們奔波、勇敢的模樣，深深地刻在她腦海裡，十八

歲時，她在巴黎的索邦大學（La Sorbonne）攻讀文學與歷史，那時，文藝圈盛行象徵主義，蘇俄的詩也有革命性改變，不過這股美學風，過一陣子，才真正影響她的創作。

黑海附近有一處藍高地（Koktebel），當時吸引不少作家、詩人、藝術家到此，茨維塔耶娃也前來，吸吮文學精華，她愛上了勃洛克（Aleksandr Blok）與艾克瑪托娃（Anna Akhmatova）的作品，而她初期寫的詩，也受到詩人兼藝評家沃洛辛（Maximilian Voloshin）的青睞，兩人後來成為好友；最重要，在那兒，她認識一名軍官艾佛朗（Sergei Yakovlevich Efron），兩人相戀、結婚，一切來的自然，也就此，命運將他們牽繫在一塊兒，直到生命的終了。

傳寫茨維塔耶娃一生的流亡作家維可托里亞·史懷哲（Viktoria Schweitzer）說：「在藍高地，她的靈感誕生了。」可見，此處的撞擊多大啊！

🍃 天鵝的讚頌

1914年，蘇俄革命爆發前，艾佛朗志願回莫斯科，參與戰事，國內兩軍對抗，一是共產黨的紅軍，另一是支持沙皇的白軍，他為守衛傳統的宗教與政治體系，加入了後者，茨維塔耶娃也回到莫斯科與丈夫會合。坐火車的當刻，她在車廂裡，與一般平民接觸，發現這些人揚言要斬首中產階級、普魯士貴族地主、

榨取利益者，種種的標語，瘋狂、憤怒、暴力的行徑，讓她驚嚇萬分。

然而這一歸來，立即被困入一個恐懼的環境中，遍地饑荒，無法餵飽兩個女兒，她將小女兒放在國家設立的孤兒院，以為能受到妥善的照料，沒想到不久後，小女兒生病，再加上營養不良，死了，往後，茨維塔耶娃一直活在愧疚裡。

直至1922年，這段期間，她共寫下六部詩劇與敘事詩，其中，有一組史詩《天鵝野營》（*Lebeding stan*）是她花五年時間完成的，在講內戰，讚揚那些對抗共產黨的人，故事起於1917年3月沙皇尼古拉二世辭退，結束於1920年白軍的潰敗，雖然此場戰爭，她支持的這方挫敗了，卻為這些戰士取了一個很美、很浪漫的名字——「天鵝」。

痛苦難言的流亡歲月

看不到國家的未來，1922年她帶著大女兒愛爾雅（Alya）離開蘇聯，到柏林與丈夫重逢，在那兒，她出版三本詩集。幾個月後，全家又搬到布拉格，這時，艾佛朗註冊查爾斯大學（Charles University），決心好好研習政治與社會學，而她呢？繼續寫作，日子過得非常清苦，有一餐沒一餐的，為此，她說：

我們被煤、瓦斯、牛奶商、麵包師……所吞沒，剩下的，僅能吃的肉就只有馬肉。

在布拉格時，窮困潦倒，可憐無比。幸運的是，跟詩人里爾克（Rainer Maria Rilke）與小說家帕斯捷爾納克（Boris Pasternak）常常通信，對她，算是心靈上唯一的慰藉。

雖然深愛自己的丈夫，但還是無法阻止她幾次的外遇，對象有男有女，她情感給予的如此放縱，同時又那麼脆弱，也因此，寫下幾部動人的詩集，像《里程碑》、《錯誤》、《盡頭之詩》、《給勃洛克的詩》……等等。

1924年，她產下一名男嬰，隔一年，全家搬到巴黎，一樣的，過得之苦，煩憂頻頻，靠補助或救濟金度日，為了生存，好一陣子，她改寫散文，至少，比寫詩賺的錢更多。

🍃 一身的殘骸

談到海外讀者，談到海外流亡者，她有一種難言，孤絕之感，她說：

他們不喜歡詩……. 我變成一個貧瘠的女主人，一位穿著老舊衣裳的年輕女子。

聽來多蒼涼呢！在那兒待上十四年，發現被眾人厭棄，於一封信裡，她寫著：

> 在巴黎，也不例外，每個人都恨我，他們寫一些內容，來污穢我。

被每日的瑣碎，憂慮下一餐該怎樣辦，不受海外流亡份子的歡迎……等等，漸漸損耗了她的青春與才氣。

這句「我變成一個貧瘠的女主人，一位穿著老舊衣裳的年輕女子」，不但窮、孤單，模樣也很老很老，這讓我想到法國後印象派藝術家羅特列克（Henri de Toulouse–Lautrec）的繪畫，女子們經常被畫的十分蒼老、孤寂、像一個無名人士，在那兒走，在那兒發呆似的，明明年紀輕輕的，怎麼處理的這樣不堪呢？原來，藝術家想強調心境與實際年齡的差異，特意塑造劇烈的對比，這麼做，不但將主角的內心凸顯出來，包括生活的苦難，被折磨、虐待，最終只剩一身的殘骸，空空而已，落寞與蒼涼，實在令人唏噓。

羅特列克
（Henri de Toulouse-Lautrec，1864–1901）
〈走進紅磨坊的珍·阿芙麗，戴上手套〉
（Jane Avril in the Entrance to the Moulin
Rough，Putting on Her Gloves）
1892年
油彩，彩色粉筆，硬紙板，木板
102×55.1 公分
倫敦，考陶爾德美術館
（Courtauld Gallery，London）

　　這時，茨維塔耶娃起了鄉愁，而艾佛朗的政治理念也有極
大的轉變，竟擔任蘇聯內務部（NKVD）的間諜，他與女兒一條
心，返回了蘇聯。茨維塔耶娃對丈夫正在做跳進火坑一事，毫不
知情，她反對共產主義的意志，從未動搖。

困在陷阱裡

　　無處可去，1939年，她也帶著兒子回莫斯科，但由於待過海外，又曾支持白軍，以她的身份，走到哪兒都會遭懷疑，找不到工作，沒有任何人，甚至過去的好友，無人願意伸手援手，不久後，艾佛朗與女兒也被逮捕，看到一切支離破碎，整個人身心交瘁，垮了。

　　眼前一片黑漆，於1941年8月31日，她上吊自殺，但也留了一張字條給兒子，寫著：

> 原諒我，但繼續下去，情況會更糟，我病的很嚴重，已經不再是我自己了，告訴爸爸與愛爾雅，假如你看到他們，說直到生命最後一刻，我仍然愛著他們，跟他們解釋，我覺得自己被困在陷阱裡。

　　同一年，艾佛朗被拿去槍殺，愛爾雅被關，判八年獄。在那個政治紛亂的時代，短短二十年，弄的家破人亡，而她，又是這樣摧心刺痛的離開人間。

重見光明

　　除了之前提到的幾本詩集，她還另外出版《日幕相本》（*Vechernii al'bom*，1910）、《神奇燈籠》（*Volshebnyi fonar'*，

1912）、《分離》（*Razluka*，1922）、《沙皇──少女：童話詩》（*Tsar'–devitsa: Poema–skazka*，1922）、《靈魂》（*Psikheya*，1923）、《手藝》（*Remeslo*，1923）、《天鵝：童話》（*Molodets: skazka*，1924）、《蘇俄之後》（*Posle Rossii*，1928）……等等。深受幾位詩壇巨人的激賞，像沃洛辛、里爾克、帕斯捷爾納克、勃留索夫（Valery Bryusov）、曼德爾施塔姆（Osip Mandelstam）、阿赫瑪托娃（Anna Akhmatova）……等等。

死後，1961年，蘇聯重新出版她的詩; 若問近代，誰最推崇她的作品？那無疑是1987年獲諾貝爾文學獎得主的詩人布羅茨基（Joseph Brodsky）了，他愛慕茨維塔耶娃，表示她在文學上的地位無限崇高，他說：

> 呈現於段落時，茨維塔耶娃的作品，展示一個曲線─或更甚，一條直線─在幾近恰好的角度，升上來，因為她一直在努力，將定調提到一個更高的音符，一個更高的念頭（或更精確地說，高八音，不過是忠實的高調），她總扛著每樣必說之事，達到可想像的、可表達的結果才罷休，她的詩與散文，沒有一樣懸在半空，或含糊其辭。茨維塔耶娃很獨特，一個時代至極的精神經驗（對我們來說，有模稜兩可、人類存在本質的矛盾），她視作非表現的對象，而是方式，此被她轉換成藝術的素材。

　　沒錯，她總會用高八度來抒發情緒，流露的卻是真實與熱情，帶我們經歷了一場接一場「時代至極的精神經驗」。

　　值得一提的是，1982年，天文家卡拉奇契那（Lyudmila Georgievna Karachkina）在宇宙中發現一顆小行星，命名「茨維塔耶娃三五一一」（"3511 Tsvetaeva"），可見，對她的敬重，如天上一顆閃亮的星星，永恆的被記憶。

🍃 在心的聖壇前，用情思的香火膜拜

　　她活的時代、她的國家，因共產主義的肆虐，她歷經了1917年蘇俄流血革命、莫斯科大饑荒、流亡的慘淡歲月，也被捲入政治風波，落得小女兒死於饑餓、丈夫被槍殺、大女兒下獄，雖然1939年，她回歸祖國，但無論怎麼做，都處處碰壁，遭背叛、遭棄，面對此情此景，傷痛欲絕，最後，摧心而死，當時，她才四十八歲。

　　讀著她的詩，會領悟，她總持浪漫的信仰，將詩擺在心的聖壇前，用那根情思的香火去膜拜，她忠於此，不怕苦，不怕悲劇，日夜守候，直到斷氣的一刻。

🌸*Два солнца стынут*

Два солнца стынут, – о Господи, пощади! –
Одно – на небе, другое – в моей груди.

Как эти солнца, – прощу ли себе сама? –
Как эти солнца сводили меня с ума!

И оба стынут – не больно от их лучей!
И то остынет первым, что горячей.

〈兩只太陽正冷卻〉

兩只太陽正冷卻──噢！上帝，憐憫我。
一只在天，另一只在胸口。

為此，我有藉口嗎？──
這雙太陽趨我抓狂！

無痛，從光束來──迷失了！
較熾熱的，最先凍結。

🍀 *Как правая и левая рука*

Как правая и левая рука,
Твоя душа моей душе близка.

Мы смежены, блаженно и тепло,
Как правое и левое крыло.

Но вихрь встаёт – и бездна пролегла
От правого – до левого крыла!

〈當左手〉

當左手牽右手
我們靈魂在側。

我倆在逃的狂喜，飛走了
當左翼拍右翼。

但旋風一來──留下裂縫
從右翼到左翼！

🌸 *Каждый стих – дитя любви*

Каждый стих – дитя любви,

Нищий незаконнорожденный

Первенец – у колеи

На поклон ветрам – положенный.

Сердцу ад и алтарь,

Сердцу – рай и позор.

Кто отец? – Может – царь.

Может – царь, может – вор.

〈每首詩是愛的小孩〉

每首詩是愛的小孩，

落下遭棄的私生子，

頭生仔上方呼氣

丟路邊睡著了。

心有間隙，與橋墩，

心有祝福，與悲痛。

誰是父親？君主？

也許君主或竊賊。

🌸 *Если душа родилась крылатой*

Если душа родилась крылатой –
Что́ ей хоромы – и что́ ей хаты!
Что Чингис–Хан ей и что – Орда!
Два на миру у меня врага,
Два близнеца, неразрывно–слитых:
Голод голодных – и сытость сытых!

〈若你靈魂誕生〉

若你靈魂誕生，巡航
小屋或豪宅何意呢！
什麼成吉思汗，什麼遊牧部落！
全世界，我有兩個仇敵，
是一對難分難捨的雙胞胎：
饑餓之饑，飽嘗之飽。

🌸 *Я знаю правду*

Я знаю правду! Все прежние правды – прочь!
Не надо людям с людьми на земле бороться.
Смотрите: вечер, смотрите: уж скоро ночь.
О чём – поэты, любовники, полководцы?

Уж ветер стелется, уже земля в росе,
Уж скоро звёздная в небе застынет вьюга,
И под землёю скоро уснем мы все,
Кто на земле не давали уснуть друг другу.

〈我知唯一真理〉

我知唯一真理！其餘放一邊！
地球人，無需對抗其他！
看！快黃昏了，也將入夜。
你們何方神聖，上校、詩人、愛人？

風逼近土，露珠臥草，
星夜的大風雪快速凍上了天，
很快地，在地球之下　睡著我們每一──
其他，之上　尚未予眠。

❧ *Моим стихам, написанным так рано*

Моим стихам, написанным так рано,

Что и не знала я, что я – поэт,

Сорвавшимся, как брызги из фонтана,

Как искры из ракет,

Ворвавшимся, как маленькие черти,

В святилище, где сон и фимиам,

Моим стихам о юности и смерти,

 – Нечитанным стихам!

Разбросанным в пыли по магазинам,

Где их никто не брал и не берёт,

Моим стихам, как драгоценным винам,

Настанет свой черёд.

〈我詩，寫得這麼早〉

我詩，寫得這麼早
我甚至不知自己是詩人，
彈撥　如噴泉滴落，
從火箭發射光芒

衝　如小惡魔，
入了睡眠和香火的聖殿，
我詩，關於青春與死亡，
──不可讀的詩文！

散落滿是灰塵的書店，
那兒，沒人買它們！
我詩，好比那珍貴的葡萄酒
時候會到。

❀ *РАЗГОВОР С ГЕНИЕМ*

Глыбами – лбу
Лавры похвал.
«Петь не могу!»
 – «Будешь!» – «Пропал,

(На толокно
Переводи!)
Как молоко –
Звук из груди.

Пусто. Суха́.
В полную весны –
Чувство сука».
 – «Старая песнь!

Брось, не морочь!»
«Лучше мне впредь –
Камень толочь!»
 – «Тут–то и петь!»

«Что́ я, снегирь,

Чтоб день – деньской

Петь?»

– «Не моги,

Пташка, а пой!

На́ зло врагу!»

«Коли двух строк

Свесть не могу?»

– «Кто когда – мог?!»

«Пытка!» – «Терпи!»

«Скошенный луг –

Глотка!» – «Хрипи:

Тоже ведь – звук!»

«Львов, а не жён

Дело». – «Детей:

Распотрошён –

Пел же – Орфей!»

«Так и в гробу?»

– «И под доской».

«Петь не могу!»

– «Это воспой!»

〈與天才交談〉

像山脈——在此脊
讚之殊榮。
「我不能唱！」
——「你將！」——「聽來

（讓我食用
燕麥片！）
像牛奶——
從我乳房消失了。

空的。乾的。
全盛之春？
我感覺嫩枝。」
——「那是一首老歌！

算了，不要嘮叨！」
「從此刻起，我寧願——

搗砂礫！」
──「一切更有理由唱了！」
「我是
天天唱歌
紅腹灰雀嗎？」
──「縱使出自惡意，
我的鳥，

你不能唱！」
「若兩行
我不能和一起？」
──「何時能──誰呢？」

「酷刑！」──「忍耐！」
「一處割過的草原──
我喉嚨！」「然後喘息：
那也是聲音！」

「是獅子的事，
而非女人」──「小孩：
雖去除了內臟──
俄耳甫斯依舊在唱！」[5]

────────────

[5] 俄耳甫斯（Orpheus）是古希臘宗教與神話的音樂家、詩人、與先知，

「甚至墳墓裡？」

──「也在墓碑之下。」

「我不能唱！」

──「想唱就唱！」

以琴聲吸引所有的生物，甚至讓岩石移動，馴服野獸，有一則動人故事，是這樣的：他思念亡妻歐律狄刻（Eurydice），想用音樂將她引回，但在走出冥界的前一刻，他回頭望，此違反了冥界的規定，因而沒能將愛妻救出，為此摧心刺痛。

❀ДИАЛОГ ГАМЛЕТА С СОВЕСТЬЮ

– На дне она, где ил

И водоросли… Спать в них

Ушла, –но сна и там нет!

– Но я её любил,

Как сорок тысяч братьев

Любить не могут!

– Гамлет!

На дне она, где ил:

Ил!.. И последний венчик

Всплыл на приречных брёвнах…

– Но я её любил

Как сорок тысяч…

– Меньше,

Всё ж, чем один любовник.

На дне она, где ил.

– Но я её –

(недоумённо)

– любил??

〈哈姆雷特與良心對話〉

——她，在河床，在水藻
與雜草裡⋯⋯她到那兒
去睡——然睡不著！
——但，她正是我愛的
像四萬名弟兄
無法愛！
——哈姆雷特！

她在河床，在水藻裡：
水藻！⋯⋯她最後的花環
從河岸之木，展露⋯⋯
——但，她正是我愛的
像四萬⋯⋯
——雖如此，
少於一個情人。

她在河床，在水藻裡。
——但，她正是
（迷惘）
我愛的嗎？

🍀 *В ПАРИЖЕ*

Дома до звёзд, а небо ниже,
Земля в чаду ему близка.
В большом и радостном Париже
Всё та же тайная тоска.

Шумны вечерние бульвары,
Последний луч зари угас,
Везде, везде всё пары, пары,
Дрожанье губ и дерзость глаз.

Я здесь одна. К стволу каштана
Прильнуть так сладко голове!
И в сердце плачет стих Ростана
Как там, в покинутой Москве.

Париж в ночи мне чужд и жалок,
Дороже сердцу прежний бред!
Иду домой, там грусть фиалок
И чей – то ласковый портрет.

Там чей – то взор печально – братский.
Там нежный профиль на стене.
Rostand и мученик Рейхштадтский

И Сара – все придут во сне!

В большом и радостном Париже
Мне снятся травы, облака,
И дальше смех, и тени ближе,
И боль как прежде глубока.

〈在巴黎〉

家直達天空下的星星，
裹煙的土地　近了。
大又雀躍的巴黎　之內
殘留鬼祟的絕望。

傍晚林蔭大道嘈雜，
離去日落最後的曙光，
處處有情侶，
顫抖的唇，膽敢的眼。

我孤單在這兒。栗樹幹
有人頭傾斜，真好！
如羅斯坦德的心泣詩句[6]

---

[6]　羅斯坦德，全名愛德蒙·羅斯坦德（Edmond Rostand，1868–1918），

被遺棄的莫斯科。

夜巴黎傷感、陌生，
心疼無可挽救的瘋！
我要回家，有瓶裝的悲痛
與某人的深情肖像。

有某人一瞥——傷感、友善。
牆印上深情輪廓。
羅斯坦德與賴希施泰特烈士[7]
及莎拉——在睡！

大又雀躍的巴黎　之內
我夢了草、雲和雨，
遠遠的笑聲　近近的陰影
深深的如往昔——痛。

是法國新浪漫派詩人兼劇作家，代表作如《大鼻子情聖》（*Cyrano de Bergerac*）。

[7] 賴希施泰特（Reichestadt）指的是賴希施泰特協議，1876年奧地利帝國與蘇俄之間所簽的協定。

西亞維亞‧普拉斯
（Sylvia Plath，1932–63）

西亞維亞・普拉斯
（Sylvia Plath，1932–63）

　　西亞維亞・普拉斯來自美國，一位出生馬薩諸塞州波士頓的
詩人，她在這世上只活了三十年，生前僅出版一本詩集與一部小
說，但因她的聰敏與才氣，及她的「自白詩」，坦述了生活、愛
情、思緒的起伏，不羞愧的說出內心的憤怒、矛盾、悲痛、與絕
望，甚至死亡的慾念，最後，又以悲壯的姿態，向人間揮別，在
今天，她的故事依舊被人追憶，她的詩更廣為傳誦，具有極大的
影響力。

　　翻開英美的報章雜誌，或瀏覽文學網站，我常常能讀到普
拉斯的消息，就算死了半個世紀，她的詩、她與才子泰德・休斯
（Ted Hughes）的婚姻、她那濃得化不開的陰鬱、她的悲劇，還

不斷有挖掘與新解讀，她勾起的詭異，引發後世無限遐思。而我，想一探究竟，到底癥結點在哪裡，真相如何呢？

🍃 消失的父親

　　普拉斯出生於1932年10月27日，正逢美國經濟大蕭條，母親來自奧地利，父親從德國移民到美國，是一位語源學與生物學家，在家，普拉斯排行老大，底下還有小她三歲的弟弟，在一個基督教家庭長大，生活沒什麼波折，安安穩穩，一切雲淡風清，然而，這……

　　只是暴風雨前的寧靜。

　　1940年，剛過完八歲生日，父親悄然離世，自此，生活從多彩變成黯淡，在某個層面上，她的世界不再純真了，也不再無憂無慮了，一切僵住，往後的歲月，驚懼始終跟隨著她，沒一刻安寧，不但失去信仰，思想也呈了灰，逐漸的陷入漆黑。

　　沒多久，她寫下一首詩，經《波士頓先驅報》（*Boston Herald*）錄用並刊登。

　　一是父親之死，二來詩被肯定，發生在同年，是巧合？還是蘊含另一層意義？兩件事湊起來看，於她，多像一場儀式，隆重莊嚴的，爸爸痛苦的走了，彷彿是親人的身體被架在祭壇上，

供奉著，因他的犧牲流血，為女兒的未來做交換條件。不但引入
她走向文學，未來將她的詩與創作推把到高峰，對這「天命所
歸」，她深信不疑。

　　一篇散文中，她描述那九歲前的塵封歲月：

　　　　日子被密封起來了，像瓶子裡的一艘船──美的、難靠近的，
　　　　一個纖細的、純白的飛翔神話。

　　之後的少女時代，她將自己鎖起來，沉醉於文字，每天寫日
記，也寫小說，累積起來相當可觀，她在十八歲入學院前，刊登
在雜誌上的短篇小說已有五十餘篇了。

🍃 西瓜的甜汁

　　1950年，她進史密斯女子學院唸書，主修英文，學業成績特
優，拿獎學金，榮獲好幾個重要的文學獎，也當《史密斯書評》
（*Smith Review*）與時尚雜誌《小姐》（*Mademoiselle*）主編，那
刻，她寫了一封信給母親，雀躍地說：

　　　　世界在我腳下剖開了，像一顆熟的、汁液的西瓜。

　　無窮的潛能與美好的未來，正亮麗的在她眼前一一綻放，然
而，萬萬沒想到，憂鬱直侵入她，二十一歲時，竟服下大量的安

眠藥，嘗試自殺，約有三天，她在那兒掙扎、蠕動，沒人發現，但也沒死，存活了下來，之後，抒寫了一段，闡述心情：

愉悅地屈服於旋轉的漆黑，我真誠的相信那是永恆的煙沒。

接下來的六個月，她接受電擊治療，雖然短暫的恢復元氣，但已造成了可怕陰影，似乎某黑洞捲了漩渦，吸阿吸，讓她往後的日子，一而再，再而三有親吻死亡的慾望。

🍃 鏡像的愛情

1955年，學業告一段落，屆時，寫的一些作品，多跟成對有關，譬如一篇以《魔鏡：陀思妥耶夫斯基兩本小說的雙對研究》（*The Magic Mirror: A Study for the Double in Two of Dostoyevsky's Novels*）為題的論文，與一首〈真海邊的一對愛人與拍岸巨浪〉（"Two Lovers and Beachcomber by the Real Sea"）詩作，在心境上，她渴望尋找一個伴侶，對「雙」與「鏡像」感興趣，如柏拉圖描述的，原始天地混沌，人類的身體是圓滾的球，長有四隻手，四隻腳，跑得特快，這卻讓天神倍感壓力，於是，宙斯將之劈成兩半，從此，人的一半總在尋覓另一半，因此「愛」，就這樣誕生了。

她的愛始於與泰德‧休斯相遇的一剎那，兩人在劍橋大學唸書，她讀他的作品，激賞不已，讚美他是：

一名歌手、一位說故事的人、一隻獅子，與一個世界的闖
蕩者。

也形容他的詩猶如「一種聲音，上帝的雷鳴」，顯然，她愛
他的詩，愛他的人，更將他視為神那樣的看待，他們彼此互寫情
詩，不間斷的，為了持續下去，兩人決定結婚，幾個月後，正式
步入禮堂，不但一塊兒寫作、研究天文與超自然，也四處旅行，
尋求靈感。

在劍橋時，普拉斯的不少詩作刊登在幾個相當重要的雜
誌，像《大學》（*Varsity*）、《哈潑》（*Harpers*）、《旁觀者》
（*The Spectator*）、《泰晤士報文學評論副刊》（*Times Literary
Supplements*）……等等，已是有名氣的詩人了。

🍃 面對自己的古怪

1957年，她與休斯搬到美國，首先住史密斯學院附近，她
白天教書，晚上寫作，但壓力太大，負荷不了，一年後，兩人
移居波士頓，這時，她在精神醫院裡擔任接待員，也順便接受
治療，利用傍晚參加創意寫作班，在那兒，認識了幾位詩人，
像羅伯特·洛威爾（Robert Lowell）、安妮·塞克斯頓（Anne
Sexton）、喬治·史達布克（George Starbuck）、默溫（W. S.
Merwin），前兩位一直鼓勵她，建議何不藉由詩，把自己的遭遇

與內在的不堪抒發出來呢！於是，朝此方向創作，「自白詩」形成了。

　　她和安妮‧塞克斯頓常常一塊兒聊天，分享經驗，她們大都在談憂鬱症、自殺、與死亡，普拉斯有時多愁善感，用戲劇化描述情節，有時帶著甜蜜、愛、熱情的口吻，就像飛蛾撲火一般，有種致命之美！

　　1959年秋冬之際，她與休斯待在紐約的雅多（Yaddo）藝術村裡，在那兒，她終於能面對自己，說了一句：「我學會承認自我的古怪。」結果，洋洋灑灑的寫下〈給生日的詩〉（"Poem for a Birthday"），共分為七個部份，把自個兒的種種創傷，一五一十說了出來。

🍃 另一個無法承擔的人生

　　美國的探索告一段落，普拉斯也懷孕了，兩人在1959年年底回到英國，這時，他們不能再過玩耍與無拘無束的日子了，往後，得有一個接一個責任要擔起，女兒在1960年春天出生，10月，她的第一本詩集《巨物》（The Colossus）出版，1961年又懷孕，卻不幸流產，為此她傷痛不已，日後，從未走出這段陰霾，沒多久後，搬家，隔年年初，兒子出生。

　　話說1961年，休斯與普拉斯將倫敦的房子出租給一對夫妻，丈夫大衛・維弗爾（David Wevill）是一名詩人，有一位美麗的妻子亞霞（Assia），當休斯一見到她，立即被吸引，普拉斯心思敏感，馬上注意到了他們之間的化學變化，緊接，兩人真的發生了戀情。這段婚外情，傷及了普拉斯，她耿耿於懷，沒幾個月，協議與休斯分居。

　　沒有休斯的日子，從1962年的10月到12月，她一共寫下四十多首詩，是一生創作力最旺盛的時期，之後，她打算換一個環境，與兩個小孩搬到倫敦，找的一間公寓，位於23 Fitzroy Road，據說詩人葉慈（William Yeats）也曾待過，普拉斯還興奮的蹦出一句：「好預兆。」她原以為在此處，可以重新過日子，好好的認真創作，但沒想到……

　　一住進來，那一年冬天，剛好幾十年來英國最冷的一季，她的憂鬱症又回來了，雖然她的第一本小說《鐘形罩》（*The Bell Jar*）也問世，卻無法阻斷一走了之的念頭，於1963年2月11日清晨，丟下小孩，跑到廚房自殺了。

厄勒克特拉情節

　　若攤開她的一生，追溯那悲劇起源，應該就在父親過世的那一刻，八歲之後，不再有男性長輩的引導，她漂浮，像一只失落的靈魂，讀她的詩，不少跟父親有關，那不解、怨恨、氣憤的思

緒，貫穿她的血液，這仇恨的背後，骨子裡卻深藏著一份極度的愛，德國與瑞士的心理學家佛洛依德與榮格（Carl Gustav Jung）都探討過父女之間的浪漫情懷，後者給予「厄勒克特拉情節」（Electra Complex），簡單的說，即是戀父情節。

弗雷德里克・雷頓
（Lord Frederic Leighton，1830–1896）
〈阿伽門農墓前的厄勒克特〉
（Electra at the Tomb of Agamemnon）
1869年
油彩，畫布
148.6×73.6 公分
約克夏，赫爾費倫斯藝廊
（Ferens Art Gallery，Yorkshire）
※ 喪父之痛。

　　普拉斯渴望父親沒死，能在身旁看護她，因此，她來來回回，在現實與錯覺之中跳來跳去，一直在「希望父親活著」到「知道父親已死」之間做持續的交錯、移轉。不自主的，詩行浮出無數的挑釁因子。

　　此情狀怎麼甩也甩不掉，維繫她的一生。

🍃 最後的信簡

　　她的自殺，長期以來，被蒙上一層迷霧。2011年，休斯的一首詩〈最後信簡〉（"Last Letter"）意外地在大英圖書館的檔案館中被發現，生前未發表過，蹊蹺的是裡面談到普拉斯之死。

　　「最後信簡」是休斯唯一的詩，提及與妻子見的最後一面、她毀滅性的結局、及他的心痛。在開頭兩句，他說：

　　　那晚發生了什麼事？
　　　妳的最後一晚？

他也描述當被告知她死亡的那刻：

　　　然後一個像被篩選武器的聲音
　　　或一劑度量的注射，

　　冷冷的傳出了四個字

　　深深的入我耳裡：「妻子死了。」

此詩，透露他們最後一面發生在1963年2月的星期五，她寫了一封
厭世口吻的信給他，沒想到信竟然早到，讀了後，他趕緊衝去看
她，安慰她，但兩天後，她把小孩放在臥室，留下牛奶與餅乾，
自己開瓦斯自殺了。

　　妻子過世後，休斯在公開場合，未曾對真相提過隻字片語，
好幾年來，一直被女性主義者與普拉斯的粉絲辱罵及醜化，批評
他的不忠，才導致她走上絕路。等到1998年，在他死去那一年，
出版一本詩集《生日信簡》（*Birthday Letters*），話題才觸及到
她，但，這首150行的〈最後信簡〉未包括在內，所以，此詩的發
現也算是為整個故事做完結篇吧！

　　值得一提的是，休斯雖然很少提普拉斯，但1989年，在一封
寫給《衛報》的公開信裡，陳述大眾對普拉斯的了解全是假象，
為此，他還造了一詞—「西亞維亞・普拉斯幻想曲」（"Sylvia
Plath Fantasia"）。

🍃 火燄裡的一朵金蓮

　　普拉斯的聲譽死後才急速攀升，她一本接一本的詩集相繼問
世，像《縹緲精靈亞利伊勒》（*Ariel*）與《三位女人：三個聲音

的獨白》（*Three Women: A Monologue for Three Voices*）、《越水》（*Crossing the Water*）、《冬樹》（*Winter Trees*）⋯⋯等等。

休斯整理前妻從1956年到死時寫的詩，編成一本《詩選》，於1982年出版，普拉斯為此榮獲美國文學界最高榮譽的普立茲獎（Pulitzer Prize），也讓她晉升第一位死後得到這份殊榮的詩人。2012年，為了紀念美國境內偉大的詩人，郵政總局在眾多頂尖好手中，僅挑出十位，將肖像印在美國的郵票上，其中，普拉斯被選上。

這些殊榮，都算是遲來的獎勵，不過，相信她在天之靈一定感到無比欣慰吧！

她的墓碑上，刻有一句：「甚至在猛烈燃燒的火燄中，長出一朵金蓮。」這是休斯為她選的，或許引用明朝小說家吳承恩的《西遊記》一段：「相盤結，性命堅，卻能火裡種金蓮」吧！不論是或不是，或僅僅巧合，其實無關緊要，重要的是，說明了普拉斯的一生，在面臨苦難、內心縱有哀嚎，依然對文學保有堅持，從沒動搖過，最後，她的詩如一朵精煉的蓮花，如此純潔，如此高貴。

🌸 *A Birthday Present*

What is this, behind this veil, is it ugly, is it beautiful?
It is shimmering, has it breasts, has it edges?

I am sure it is unique, I am sure it is what I want.
When I am quiet at my cooking I feel it looking, I feel it thinking

'Is this the one I am too appear for,
Is this the elect one, the one with black eye–pits and a scar?

Measuring the flour, cutting off the surplus,
Adhering to rules, to rules, to rules.

Is this the one for the annunciation?
My god, what a laugh!'

But it shimmers, it does not stop, and I think it wants me.
I would not mind if it were bones, or a pearl button.

I do not want much of a present, anyway, this year.
After all I am alive only by accident.

I would have killed myself gladly that time any possible way.

Now there are these veils, shimmering like curtains,

The diaphanous satins of a January window

White as babies' bedding and glittering with dead breath. O ivory!

It must be a tusk there, a ghost column.

Can you not see I do not mind what it is.

Can you not give it to me?

Do not be ashamed –I do not mind if it is small.

Do not be mean, I am ready for enormity.

Let us sit down to it, one on either side, admiring the gleam,

The glaze, the mirrory variety of it.

Let us eat our last supper at it, like a hospital plate.

I know why you will not give it to me,

You are terrified

The world will go up in a shriek, and your head with it,

Bossed, brazen, an antique shield,

A marvel to your great–grandchildren.

Do not be afraid, it is not so.

I will only take it and go aside quietly.

You will not even hear me opening it, no paper crackle,

No falling ribbons, no scream at the end.

I do not think you credit me with this discretion.

If you only knew how the veils were killing my days.

To you they are only transparencies, clear air.

But my god, the clouds are like cotton.

Armies of them. They are carbon monoxide.

Sweetly, sweetly I breathe in,

Filling my veins with invisibles, with the million

Probable motes that tick the years off my life.

You are silver–suited for the occasion. O adding machine –

Is it impossible for you to let something go and have it go whole?

Must you stamp each piece purple,

Must you kill what you can?

There is one thing I want today, and only you can give it to me.

It stands at my window, big as the sky.

It breathes from my sheets, the cold dead center

Where split lives congeal and stiffen to history.

Let it not come by the mail, finger by finger.

Let it not come by word of mouth, I should be sixty

By the time the whole of it was delivered, and to numb to use it.

Only let down the veil, the veil, the veil.

If it were death

I would admire the deep gravity of it, its timeless eyes.

I would know you were serious.

There would be a nobility then, there would be a birthday.

And the knife not carve, but enter

Pure and clean as the cry of a baby,

And the universe slide from my side.

〈一份生日禮物〉

這是什麼，這面紗背後，醜，還是美？
此波光粼粼，有乳房？刀口？

我視它獨一，確信我要的。
當我靜靜地做飯，我感覺它注視，我感覺它思考

「是我為此現身、
揀選、有黑眼眶和疤痕的那一個嗎？

度量麵粉，切斷盈餘，
遵守規則　守規則　守規則。

這是報喜的那一個嗎？
天啊，真好笑！」

但此波光粼粼繼續，我認為它要我。
我不介意是骨頭，或一顆珍珠鈕扣。

反正今年，對禮物，我沒太多期待。
畢竟我活，純屬意外。

那時，我樂意用任何的可能，結束自己。
現在，這些面紗，粼粼的像簾幕，

一月之窗的透明綢緞
白如嬰兒的被褥與閃閃的死息。噢！象牙。

一定是顆獠牙，鬼之縱陣。
難道你不明白我不介意是什麼嗎？

你不能給我嗎？
別羞愧──我不介意它小。

勿小氣，我為犯大罪準備好了。
讓咱們坐下來，一人一邊，欣賞此微光，

上光，鏡的變化。
讓咱們食下最後的晚餐，如醫用板。

我知道你為何不給我，
你驚慌

世界拼命地叫喊升起，你的頭伴隨，
浮雕、黃銅，一只古盾牌，

你玄孫大為驚奇。
別害怕，非如此。

我只取它，悄悄地到一旁。
你甚至不會聽到我打開，沒有紙劈啪響，

無掉落的緞帶，最後也沒尖叫。
我認為你沒把決定權交出。

如果你早知面紗怎麼殘害我的歲月。
於你，僅是透明、清新空氣。

天啊，雲像棉花。
一團，是一氧化碳。

馥郁芬芳，我吸入，
用暗藏、大量，填充我血管

概略的微塵，從我生命勾勒好幾年。
這場合，銀適合你。噢！添加機器──

你不可能讓某東西隨它去，允許全走，對嗎？
每一塊必印上紫，

盡可能殺，不是嗎？
有一個東西，我今天要，只有你能給我。

它立我窗前，如天空一般大。
從我床單，呼吸死寂之核

凡有分裂處，凝結、硬化歷史。
讓它來時，不經郵件，不經手指。

讓它來時，不經口耳相傳
全部遞送，麻木地用　此前，我應該六十了。

只有放下這面紗　這面紗　這面紗。
若是死亡

我會欣賞重力的深度，其永恆之眼。
我會了解你的認真。

會有一位貴族，會有一個生日。
刀非雕刻的，是插的

純與淨，如嬰兒的哭聲，

宇宙從我身邊滑行。

🍀 *Bitter Strawberries*

All morning in the strawberry field
They talked about the Russians.
Squatted down between the rows
We listened.
We heard the head woman say,
'Bomb them off the map.'

Horseflies buzzed, paused and stung.
And the taste of strawberries
Turned thick and sour.

Mary said slowly, 'I've got a fella
Old enough to go.
If anything should happen...'

The sky was high and blue.
Two children laughed at tag
In the tall grass,
Leaping awkward and long–legged
Across the rutted road.
The fields were full of bronzed young men
Hoeing lettuce, weeding celery.

'The draft is passed,' the woman said.

'We ought to have bombed them long ago.'

'Don't,' pleaded the little girl

With blond braids.

Her blue eyes swam with vague terror.

She added petishly, 'I can't see why

You're always talking this way...'

'Oh, stop worrying, Nelda,'

Snapped the woman sharply.

She stood up, a thin commanding figure

In faded dungarees.

Businesslike she asked us, 'How many quarts?'

She recorded the total in her notebook,

And we all turned back to picking.

Kneeling over the rows,

We reached among the leaves

With quick practiced hands,

Cupping the berry protectively before

Snapping off the stem

Between thumb and forefinger.

〈苦草莓〉

草莓園，於整晨
他們談及俄羅斯。
行列間蹲下
我們傾聽。
聽見女頭目說：
「轟炸他們，從地圖消失。」

馬蠅的嗡叫、停歇、與刺螫。
及草莓
轉濃與酸之味。

瑪麗慢慢地說：「我有一個伙伴
夠老，可去。
若有什麼不測……」

天空又高又藍。
兩個孩子嘲笑牌卡
在高高草叢中，
尷尬與長腳的跳躍
跨車轍之路。
園中不乏古銅的年輕男子
鋤萵苣，除芹菜。

這女人說：「草案通過」。

「久遠前，該轟炸他們。」

小女孩懇求：「不」，

她金髮綁辮。

她藍眼，溢出模糊的恐懼。

她怒氣沖沖，補說：「我無法明白為何

你總這樣說……」

「噢！尼兒姐，別擔憂」，

猛拍這女人。

她站起來，瘦瘦的，一副發號司令

一身褐色的工作服。

她用生意口吻，問我們：「多少夸脫？」

她筆記本上記錄了總數

我們都回頭採摘。

排排跪，

眾葉間，我們

以迅速、熟練之手，護衛地

觸及成杯狀的漿果，

用拇指與食指間

於折斷莖之前。

🌸 Conversation among the Ruins

Through portico of my elegant house you stalk
With your wild furies, disturbing garlands of fruit
And the fabulous lutes and peacocks, rending the net
Of all decorum which holds the whirlwind back.
Now, rich order of walls is fallen; rooks croak
Above the appalling ruin; in bleak light
Of your stormy eye, magic takes flight
Like a daunted witch, quitting castle when real days break.

Fractured pillars frame prospects of rock;
While you stand heroic in coat and tie, I sit
Composed in Grecian tunic and psyche–knot,
Rooted to your black look, the play turned tragic:
Which such blight wrought on our bankrupt estate,
What ceremony of words can patch the havoc?

〈廢墟間的對話〉

你潛近，穿越我雅屋的門廊
帶著野性的憤怒，擾亂了水果花環
及美妙的樂琴與孔雀，撕裂了
拉回旋風的一切禮儀之網。
此刻，富有次序的牆倒下；騙子
在駭人的廢墟上發牢騷；慘幽之光
於你狂暴之眼，魔法飛行
像畏縮的巫婆，破曉時離開城堡。

裂柱架構岩石的視野；
你一身外衣和領帶，英雄式立著；我穿上
古希臘外衣與梳髻髮式，鎮定地坐，
根植你黑的外觀，轉悲劇的這齣戲：
怎麼毀損我們破產之屋，
什麼字的慶典可修補浩劫呢？

🌸 *Electra on Azalea Path*

The day you died I went into the dirt,

Into the lightless hibernaculum

Where bees, striped black and gold, sleep out the blizzard

Like hieratic stones, and the ground is hard.

It was good for twenty years, that wintering –

As if you never existed, as if I came

God – fathered into the world from my mother's belly:

Her wide bed wore the stain of divinity.

I had nothing to do with guilt or anything

When I wormed back under my mother's heart.

Small as a doll in my dress of innocence

I lay dreaming your epic, image by image.

Nobody died or withered on that stage.

Everything took place in a durable whiteness.

The day I woke, I woke on Churchyard Hill.

I found your name, I found your bones and all

Enlisted in a cramped stone askew by an iron fence.

In this charity ward, this poorhouse, where the dead

Crowd foot to foot, head to head, no flower

Breaks the soil. This is Azalea path.

A field of burdock opens to the south.

Six feet of yellow gravel cover you.

The artificial red sage does not stir

In the basket of plastic evergreens they put

At the headstone next to yours, nor does it rot,

Although the rains dissolve a bloody dye:

The ersatz petals drip, and they drip red.

Another kind of redness bothers me:

The day your slack sail drank my sister's breath

The flat sea purpled like that evil cloth

My mother unrolled at your last homecoming.

I borrow the silts of an old tragedy.

The truth is, one late October, at my birth–cry

A scorpion stung its head, an ill–starred thing;

My mother dreamed you face down in the sea.

The stony actors poise and pause for breath.

I brought my love to bear, and then you died.

It was the gangrene ate you to the bone

My mother said: you died like any man.

How shall I age into that state of mind?

I am the ghost of an infamous suicide,

My own blue razor rusting at my throat.

O pardon the one who knocks for pardon at

Your gate, father – your hound–bitch, daughter, friend.

It was my love that did us both to death.

〈杜鵑路徑上的厄勒克特拉〉

你死那天，我進了污塵，

入了無光的冬眠

有黑與金條紋的蜜蜂，露宿風雪

像僧侶之石，地面硬的。

好好的過了二十個冬——

彷彿你未存在，彷彿我來

從媽媽腹裡，以教父之身到世上：

她的寬床磨了神聖之污。

我跟罪愆或任何無關

我在母親心下，翻來覆去。

小如一只洋娃娃，穿上我純純的洋裝

我躺著，夢見你的史詩，一幕接一幕。

沒人在那舞台上死或凋零。

持久的白，一切發生了。

我醒那天，我在墓地山坡上醒來。

發現你的名字，發現你的骨頭與所有
埋葬在狹窄之地，歪斜在鐵柵欄旁。

在這慈善病房，這救濟院，有死者
群腳對腳，頭對頭，無花
破土。此為杜鵑的路徑。
牛蒡田開向南方。
六呎的黃礫石覆蓋你。
人工的紅色鼠尾草不驚動
他們放進塑料常青的籃子裡
在你隔壁的墓碑，沒有腐爛，
雖然雨液化血的染料：
合成花瓣滴下，滴成紅。

另一種紅困擾我：
那天，你的鬆帆喝了我妹妹之氣
無波之海變紫，像禍害之布
我母在你最後返鄉時，攤開。
我借用一個古老悲劇的淤泥。
實情是，十月下旬，在我出生的哭號
蝎子蜇頭──即惡劣演出；
母夢見　在海中，你臉朝下。

無情的演員擺姿，暫停呼吸。
我帶著、扛著我的愛，然後你死了。

這是壞疽，吃你吃到骨裡

母說：你死了，就像其他人。

我應如何老化到那心境呢？

我是一具惡名昭彰自殺的鬼魂，

我藍色剃刀在我喉嚨上生鏽。

噢！赦免那為赦免敲門的人

父親，你的門──你的母獵犬、女兒、朋友。

是我的愛，驅我倆到死。

🌸 *Lament*

A Villanelle

The sting of bees took away my father

who walked in a swarming shroud of wings

and scorned the tick of the falling weather.

Lightning licked in a yellow lather

but missed the mark with snaking fangs:

the sting of bees too away my father.

Trouncing the sea like a ragin bather,

he rode the flood in a pride of prongs

and scorned the tick of the falling weather.

A scowl of sun struck down my mother,

tolling her grave with golden gongs,

but the sting of bees took away my father.

He counted the guns of god a bother,

laughed at the ambush of angels' tongues,

and scorned the tick of the falling weather.

O ransack the four winds and find another

man who can mangle the grin of kings:

the sting of bees took away my father

who scorned the tick of the falling weather.

〈悲嘆〉

一首維拉內拉詩

蜜蜂的刺帶走了我父
他走入翅膀蜂擁的壽衣
並藐視一會兒的壞天氣。

閃電舔吮黃泡沫
但錯過尖牙的縱向裂紋：
蜜蜂的刺離我父太遠。

呵斥海，像狂怒的浴者，
他一副耙開之傲，駕洪水，
並藐視一會兒的壞天氣。

一只皺眉的太陽擊倒我母，
用金鑼敲她墳，
但蜜蜂的刺離我父太遠。

他計算槍枝，屬煩擾之神，
嘲笑天使舌上埋伏，
並藐視一會兒的壞天氣。

噢！洗劫四方，找另一
人，可毀國王的咧嘴笑：
蜜蜂的刺帶走了我父
他藐視一會兒的壞天氣。

🍀 The Death of Myth-Making

Two virtues ride, by stallion, by nag,

To grind our knives and scissors:

Lantern–jawed Reason, squat Common Sense,

One courting doctors of all sorts,

One, housewives and shopkeepers.

The trees are lopped, the poodles trim,

The laborer's nails pared level

Since those two civil servants set

Their whetstone to the blunted edge

And minced the muddling devil

Whose owl–eyes in the scraggly wood

Scared mothers to miscarry,

Drove the dogs to cringe and whine

And turned the farmboy's temper wolfish,

The housewife's, desultory.

〈造神話之死〉

兩個美德乘行，一騎牡馬，另一騎駑馬，
磨我們的刀與剪：
下巴瘦長的理智、蹲的常識、
一個追求各種醫生、
一個向家庭主婦與店主獻殷勤。

砍掉樹木，修剪貴賓狗，
削去勞動者的指甲　比水平
刀緣鈍了，兩位公務員
設立磨石
剁碎糊塗鬼

散亂的叢木中，此糊塗鬼的貓頭鷹眼
嚇得母親流產，
將狗逼得畏縮與哀鳴
而農家男孩的脾氣轉殘暴，
連家庭主婦散漫了。

🌸 *Lady Lazarus*

I have done it again.

One year in every ten

I manage it –

A sort of walking miracle, my skin

Bright as a Nazi lampshade,

My right foot

A paperweight,

My face featureless, fine

Jew linen.

Peel off the napkin

O my enemy.

Do I terrify? –

The nose, the eye pits, the full set of teeth?

The sour breath

Will vanish in a day.

Soon, soon the flesh

The grave cave ate will be

At home on me

And I a smiling woman.

I am only thirty.

And like the cat I have nine times to die.

This is Number Three.

What a trash

To annihilate each decade.

What a million filaments.

The peanut–crunching crowd

Shoves in to see

Them unwrap me hand and foot –

The big strip tease.

Gentlemen, ladies

These are my hands

My knees.

I may be skin and bone,

Nevertheless, I am the same, identical woman.

The first time it happened I was ten.

It was an accident.

The second time I meant

To last it out and not come back at all.

I rocked shut

As a seashell.

They had to call and call

And pick the worms off me like sticky pearls.

Dying

Is an art, like everything else.

I do it exceptionally well.

I do it so it feels like hell.

I do it so it feels real.

I guess you could say I've a call.

It's easy enough to do it in a cell.

It's easy enough to do it and stay put.

It's the theatrical

Comeback in broad day

To the same place, the same face, the same brute

Amused shout:

'A miracle!'

That knocks me out.

There is a charge

For the eyeing of my scars, there is a charge

For the hearing of my heart –

It really goes.

And there is a charge, a very large charge

For a word or a touch

Or a bit of blood

Or a piece of my hair or my clothes.

So, so, Herr Doktor.

So, Herr Enemy.

I am your opus,

I am your valuable,

The pure gold baby

That melts to a shriek.

I turn and burn.

Do not think I underestimate your great concern.

Ash, ash –

You poke and stir.

Flesh, bone, there is nothing there –

A cake of soap,

A wedding ring,

A gold filling.

Herr god, Herr Lucifer

Beware

Beware.

Out of the ash

I rise with my red hair

And I eat men like air.

〈拉撒路夫人〉

我又做了一遍。
每十年的一年
我應付過來——

某種步行奇蹟，我皮膚
像納粹燈罩一般亮，
我右腳

一塊紙鎮，
我臉無特徵、姣好
猶太亞麻。

移去餐巾
噢！我的敵人。
我嚇人嗎？——

鼻子、眼窩、全整套牙？
酸的氣息
將一日內消失。

快地，很快，肉
墓穴吃掉的，將
在家，落我身上

而我，微笑的女子
只有三十。
像貓，有九條命。

這是第三次。
簡直垃圾啊
每十年得清掉。

百萬纖維絲！
嚼花生的這幫人
擠進去看

他們，鬆解我手和腳──
大跳脫衣舞。
各位紳士，各位女士

這些是我手
我膝蓋。
我可能剩皮與骨，

然而，我是同一個女人。
第一次發生時，我十歲。
是一樁意外。

第二次，我想
堅持下去，不回來了。
我搖動關閉桿子

如一只貝殼。
他們只好喊啊喊
從我身上揀蟲子，像粘粘的珍珠。

垂死
像任何事物一樣，是一門藝術。
我做的非常好。

我這樣做，感覺像地獄。
我這樣做，感覺真實。
我猜你說我在呼喊。

監獄裡，容易做。
容易做，還原位不動。
是戲劇性

在光天化日下復出
對同一處，同一張臉，同個畜生
開心地喊：

「奇蹟！」
擊倒了我。
索取費用

為審視我傷疤，索取費用
為聽診我心──
真的進行。

索取費用，一筆很大費用
因一字或一觸
或一點血

或我一根髮，或衣裳。
醫生，所以，所以；
敵人，所以……

我是你傑作，
我是你珍品，
純金寶貝

熔化到尖叫。
我轉動與燃燒。
別以為我低估你的特殊關注。

灰燼、灰燼──
你戳，你攪。
肉、骨，那兒無一物──

一塊肥皂，
一顆結婚戒，
一片黃金餡餅。

神、撒旦
小心
小心。

從灰燼
我隨我紅髮升起
我食人，如飲空氣。

後記──深沉的Q＆A

　　這五位美麗、才情的女詩人，在詩裡，探索的命題不外乎是：什麼是想像？什麼是美的角色？受苦的目的為何？何謂藝術的價值？愛跟悲劇相比，到底影響多少？

　　她們在人間嘗盡了苦澀，背負著煩憂、災難，最後，僅剩下一顆破碎的心，與崩潰四散的精氣，這過程，仿如一個動容的儀式，身體在被狠狠、殘酷鞭打之後，供奉上了祭壇，她們的犧牲，不就是為詩殉難嗎！

　　她們在詩行裡的提問，藉著不被了解、孤獨、與流亡，甚至悲劇的終結，所謂的想像、美、受苦、藝術、愛、與死亡的大命題，一一的都清楚被答覆了，不是嗎？她們履行了一項美學使命，對自身，總算有了交代了。

　　誰說文學需要長期經營？詩一定慢工出細活呢？她們的驚嘆，似曇花一現，否定了這一切；誰說詩人不食人間煙火？她們扛的苦難多於人能承受的極限，為此，證實了這子烏虛有的指控。

　　如今，在多年以後，她們的詩散發的感受力依然熾熱，全在於──那一副「殉美」的姿態啊！

讀詩人35　PG0853

 光之華
　　——五位殉美的女詩人

作　　者　方秀雲
責任編輯　王奕文
圖文排版　彭君如
封面設計　秦禎翊

出版策劃　釀出版
製作發行　秀威資訊科技股份有限公司
　　　　　114 台北市內湖區瑞光路76巷65號1樓
　　　　　電話：+886-2-2796-3638　傳真：+886-2-2796-1377
　　　　　服務信箱：service@showwe.com.tw
　　　　　http://www.showwe.com.tw
郵政劃撥　19563868　戶名：秀威資訊科技股份有限公司
展售門市　國家書店【松江門市】
　　　　　104 台北市中山區松江路209號1樓
　　　　　電話：+886-2-2518-0207　傳真：+886-2-2518-0778
網路訂購　秀威網路書店：http://www.bodbooks.com.tw
　　　　　國家網路書店：http://www.govbooks.com.tw
法律顧問　毛國樑　律師
總 經 銷　聯合發行股份有限公司
　　　　　231新北市新店區寶橋路235巷6弄6號4F
　　　　　電話：+886-2-2917-8022　傳真：+886-2-2915-6275

出版日期　2013年2月　BOD一版
定　　價　320元

版權所有・翻印必究（本書如有缺頁、破損或裝訂錯誤，請寄回更換）
Copyright © 2013 by Showwe Information Co., Ltd.
All Rights Reserved

Printed in Taiwan

國家圖書館出版品預行編目

光之華：五位殉美的女詩人 / 方秀雲著. -- 初版. -- 臺北
市：釀出版, 2013.02
　　面；　公分
　ISBN　978-986-5871-08-6（平裝）

　1. 女作家　2. 女性傳記　3. 詩評

781.054　　　　　　　　　　　　　　101026815

讀 者 回 函 卡

感謝您購買本書，為提升服務品質，請填妥以下資料，將讀者回函卡直接寄回或傳真本公司，收到您的寶貴意見後，我們會收藏記錄及檢討，謝謝！
如您需要了解本公司最新出版書目、購書優惠或企劃活動，歡迎您上網查詢或下載相關資料：http:// www.showwe.com.tw

您購買的書名：＿＿＿＿＿＿＿＿＿＿＿＿＿＿＿＿＿＿＿＿＿

出生日期：＿＿＿＿＿年＿＿＿＿＿月＿＿＿＿＿日

學歷：□高中 (含) 以下　　□大專　　□研究所 (含) 以上

職業：□製造業　□金融業　□資訊業　□軍警　□傳播業　□自由業
　　　□服務業　□公務員　□教職　　□學生　□家管　　□其它＿＿＿

購書地點：□網路書店　□實體書店　□書展　□郵購　□贈閱　□其他

您從何得知本書的消息？

　□網路書店　□實體書店　□網路搜尋　□電子報　□書訊　□雜誌

　□傳播媒體　□親友推薦　□網站推薦　□部落格　□其他＿＿＿＿＿＿

您對本書的評價：（請填代號　1.非常滿意　2.滿意　3.尚可　4.再改進）

　封面設計＿＿＿　版面編排＿＿＿　內容＿＿＿　文／譯筆＿＿＿　價格＿＿＿

讀完書後您覺得：

　□很有收穫　□有收穫　□收穫不多　□沒收穫

對我們的建議：＿＿＿＿＿＿＿＿＿＿＿＿＿＿＿＿＿＿＿＿＿

＿＿＿＿＿＿＿＿＿＿＿＿＿＿＿＿＿＿＿＿＿＿＿＿＿＿＿＿＿

＿＿＿＿＿＿＿＿＿＿＿＿＿＿＿＿＿＿＿＿＿＿＿＿＿＿＿＿＿

＿＿＿＿＿＿＿＿＿＿＿＿＿＿＿＿＿＿＿＿＿＿＿＿＿＿＿＿＿

請貼
郵票

11466
台北市內湖區瑞光路 76 巷 65 號 1 樓

秀威資訊科技股份有限公司　　　收

BOD 數位出版事業部

....

（請沿線對折寄回，謝謝！）

姓　　名：＿＿＿＿＿＿＿＿＿　年齡：＿＿＿＿　性別：□女　□男

郵遞區號：□□□□□

地　　址：＿＿＿＿＿＿＿＿＿＿＿＿＿＿＿＿＿＿＿＿＿＿

聯絡電話：(日) ＿＿＿＿＿＿＿＿＿＿　(夜) ＿＿＿＿＿＿＿＿＿＿

E - m a i l：＿＿＿＿＿＿＿＿＿＿＿＿＿＿＿＿＿＿＿＿＿＿＿